Gemma De Felice

Il santo rosario completo

Le sei corone
La meravigliosa storia della salvezza

Youcanprint Self - Publishing

Titolo | Il santo rosario completo
Autore | Gemma De Felice
ISBN | 978-88-91151-41-4

Youcanprint *Self-Publishing*
Via Roma, 73 – 73039 Tricase (LE) – Italy
www.youcanprint.it
info@youcanprint.it
Facebook: facebook.com/youcanprint.it
Twitter: twitter.com/youcanprintit

Il rosario completo consta di 300 ave Maria.

E' composto da sei corone o poste, ogni corona è composta da cinque misteri.

I° POSTA O CORONA:1°L' annuncio dell'angelo Gabriele a Maria.2° La visita alla cugina Elisabetta.3° Nascita di Gesù.4°La presentazione al tempio.5°Lo smarrimento e il ritrovamento di Gesù

.II° POSTA O CORONA:1° Gesù viene battezzato.2° Gesù è tentato dal diavolo.3°Gesù compie miracoli.4° Gesù al Tabor si trasfigura e dona la parola.5°Gesù istituisce l'EUCARESTIA .

III° POSTA O CORONA:1° Gesù prega nell'orto del Getsemani. 2° Gesù è flagellato alla colonna.3° Gesù è coronato di spine.4°Gesù porta la croce.5°Gesù muore.

IV° POSTA O CORONA: 1°Gesù risorge.2°Gesù ascende al cielo. 3°Gesù invia lo Spirito Santo.4°Maria è assunta in cielo.5°Maria è incoronata regina.

V° POSTA O CORONA:1°Gesù invita l'uomo.2°Gesù istituisce la Chiesa.3°Gesù invia lo SPIRITO SANTO.4°Nei travagli della vita Dio ci aiuta.5°Dio secondo il suo piano salvifico ci ridona la grazia e il giudizio.

VI° POSTA O CORONA:1° Giudizio particolare alla morte.2° Gesù ritorna nella gloria.3°Giudizio universale.4°Incontro con CRISTO.5°Le nozze eterne tra Gesù e l'umanità .

Le riflessioni, le litanie spontanee e i canti possono essere diversi. Il rosario può essere recitato con le sole preghiere (Padre,A ve, gloria, e giaculatorie)completamente senza riflessioni , con una sola litania finale (a scelta) ed un unico canto il quale può essere anch'esso a scelta.

GRAZIE DELL'ATTENZIONE .
Ringrazio coloro che vogliono unirsi a me nella preghiera un solo rosario completo al giorno(SEI CORONE O POSTE).

L'autrice: De Felice Gemma

Nel nome del Padre, del Figlio e dello Spirito Santo,amen.
Vieni spirito Santo noi ti amiamo, purificaci, rendici degni della tua grazia e del tuo amore.
CREDO
Io credo in Dio Padre onnipotente, creatore del cielo e della Terra e in Gesù Cristo, suo unico Figlio e nostro Signore , il quale fu concepito di Spirito Santo, nacque da Maria vergine, patì sotto Ponzio Pilato ,fu crocefisso, morì e fu sepolto,discese agli Inferi, il terzo giorno risuscitò da morte, salì al cielo, e siede alla destra del Padre, di là verrà a giudicare i vivi e i morti.
Credo nello Spirito Santo, nella chiesa cattolica, nella comunione dei santi, nella resurrezione della carne, nella vita eterna.Amen.

1) Padre nostro che sei nei cieli, sia santificato il Tuo nome, venga il Tuo regno, sia fatta la Tua volontà come in cielo così in terra.
Dacci oggi il nostro pane quotidiano, rimetti a noi i nostri debiti come noi li rimettiamo ai nostri debitori e non ci indurre in tentazione ma liberaci dal male AMEN.

2) Ave Maria piena di grazia il Signore è con te.
Tu sei benedetta fra le donne e benedetto il frutto del Tuo seno Gesù.
Santa Maria madre di Dio ,prega per noi peccatori, adesso e nell'ora della nostra morte Amen.
(TRE AVE: UNA PER AVERE IL DONO DELLA FEDE, UNA PER AVERE IL DONO DELLA CARITA', UNA PER AVERE IL DONO DELLA SPERANZA)

1) Gloria al Padre e al Figlio e allo Spirito Santo come era nel principio, ora e sempre nei secoli dei secoli amen.

RINNOVO DEGLI IMPEGNI BATTESIMALI

Rinuncio al peccato per vivere nella libertà dei figli di Dio.

Rinuncio alle seduzioni del male per non lasciarmi dominare dal peccato.

Rinuncio a Satana, origine e causa di ogni peccato. Credo in Dio Padre onnipotente, creatore del cielo e della terra.

Credo in Gesù Cristo suo unico Figlio e nostro Signore, che nacque da Maria vergine, fu crocifisso, morì e fu sepolto, è risuscitato dai morti e siede alla destra del Padre.

Credo nello Spirito Santo,nella chiesa cattolica,nella comunione dei Santi , nella resurrezione della carne,nella vita eterna.

(indulgenza plenaria nella veglia pasquale e nell'anniversario del proprio battesimo)

PREGHIERA

Grazie della Tua chiamata o Maria santissima,noi desideriamo unirci a Te nella preghiera, vergine santa regina dei nostri cuori, desideriamo fare la Tua volontà, ci abbandoniamo a Te, guidaci a Tuo Figlio Gesù Salvatore dell'Umanità, ci riconosciamo peccatori: vogliamo renderti onore.

Volgiti a noi.

Vogliamo renderti onore per la Tua bontà.

Vogliamo rendere onore a Dio Padre per la Sua sapienza.

Vogliamo rendere onore a Dio Figlio per la Sua

intelligenza. Vogliamo rendere onore a Dio Spirito Santo per il Suo amore. Assistici o Maria, madre dell'umanità, rendici onore di entrare alla vostra presenza.

O Dio vieni a salvarmi
-Signore vieni presto in mio aiuto.

Gloria al Padre e al Figlio e allo Spirito Santo
come era nel Principio
ora e sempre, nei secoli dei secoli Amen.
(SI FA IL SEGNO DELLA CROCE)
Enunciazione del mistero
Lettura della riflessione, volendo anche una propria
1 Padre, 10 Ave, 1Gloria
GIACULATORIE
(al termine di ogni posta si recita la
SALVE REGINA, LE LITANIE, un canto adatto a scelta quello proposto, 1 Padre, 1 Ave,1Gloria per il Santo Padre per l'acquisto delle sante indulgenze).

CONFITEOR

Confesso a Dio Padre onnipotente e a voi fratelli , che ho molto peccato in pensieri, parole , opere e omissioni(Ci si batte il petto) ,per mia colpa, per mia colpa, mia grandissima colpa.
E supplico la beatissima sempre vergine Maria, gli angeli e i santi e voi fratelli di pregare per me il Signore Dio nostro.

VIENI SPIRITO CREATORE

Vieni o Spirito creatore, visita le nostre menti, riempi della Tua grazia i cuori che hai creato. O dolce consolatore, dono del Padre altissimo, acqua viva, fuoco, amore, santo crisma dell'anima.

Dito della mano di Dio, promesso dal Salvatore, irradia i tuoi sette doni, suscita in noi la parola.

Sii luce all'intelletto, fiamma ardente nel cuore, sana le nostre ferite col balsamo del Tuo amore .Difendici dal nemico, reca in dono la pace, la Tua guida invincibile ci salvi dl male . Luce d'eterna sapienza, svelaci il grande mistero di Dio Padre e del Figlio uniti in un solo amore.

Sia gloria a Dio Padre, al figlio che è risorto e allo Spirito consolatore, nei secoli senza fine. Amen

I° CORONA O POSTA

I° Mistero

Nel primo mistero gaudioso si contempla l'annuncio dell'angelo Gabriele alla vergine Maria.

L'angelo Gabriele fu mandato da Dio in una città della Galilea chiamata Nazaret a una vergine di nome Maria.

Entrando da lei disse:" <<T i saluto   o piena di grazia, il Signore è con Te .Ecco concepirai un figlio , lo darai alla luce e lo chiamerai Gesù.>>

Allora Maria disse: <<Eccomi sono la serva del Signore, avvenga di me quello che hai detto.>>

LUCA 1,26-28   31-38

RIFLESSIONE

I° Mistero gaudioso

AMIAMO E CERCHIAMO L'UMILTA'
L'umiltà di Maria è indice della Sua natura divina,
concepita senza peccato.
Ella è resa più pura e più bella tra le creature per essere la
madre del Salvatore.
Conoscendo con obbedienza ed amore la volontà di Suo
Figlio e di Dio , accetta fin dall'annuncio dell'angelo ,
amando l'umiltà , di diventare corredentrice di Dio nel Suo
piano di salvezza.
E tutto ciò lo vive in umiltà .
Rispondiamo al loro amore imparando da Maria s.s. come
intraprendere il cammino verso di loro , per salvarci: con
umiltà.

Padre nostro che sei nei cieli
sia santificato il Tuo nome,
venga il Tuo regno, sia fatta la Tua volontà
come in cielo così in terra.
Dacci oggi il nostro pane quotidiano,
rimetti a noi i nostri debiti,
 come noi li rimettiamo ai nostri debitori,
e non ci indurre in tentazione ma liberaci dal male.
AMEN

Ave o Maria piena di grazia il Signore è con Te. Tu sei
benedetta fra tutte le donne e benedetto è
 il frutto del Tuo seno Gesù.

ANNUNCIO DELL'ANGELO A MARIA

Santa Maria madre di Dio prega
 per noi peccatori adesso e nell'ora della nostra morte.
Amen
Gloria al Padre e al Figlio e
allo Spirito Santo, come era
 nel principio ora e sempre nei
 secoli dei secoli. Amen

GIACULATORIE

Eterno riposo dona loro o Signore
E splenda ad essi la luce perpetua,
 riposino in pace. Amen

O Gesù perdona le nostre colpe
Preservaci/ salvaci dal fuoco dell'Inferno
Porta in cielo tutte le
Anime, specialmente le più bisognose
Della Tua misericordia. Amen

Regina della pace prega per noi.
O MARIA NOI TI AMIAMO.

2° MISTERO
Nel secondo mistero gaudioso si contempla la visita
 di Maria s.s. alla cugina Elisabetta.
.....Maria si mise in viaggio verso la montagna, e raggiunse
in fretta una città di Giuda.

Entrata nella città di Zaccaria, salutò Elisabetta, che appena ebbe avuto il saluto di Maria fu piena di Spirito Santo.

LUCA 1, 39-40

RIFLESSIONE

II° Mistero gaudioso
IMITIAMO MARIA S.S. NELLA CARITA' E NEI RAPORTI SOCIALI.

Maria santissima è immacolata e piena di ogni virtù:
la tutta santa, la tutta bella.
Ella ci insegna l'amore per il nostro corpo, tempio dello Spirito Santo e questo avviene in tutte le creature, è giusto quindi amare Dio anche negli altri e santificare come Maria i nostri rapporti sociali.

Padre nostro che sei nei cieli
si santificato il Tuo nome,
 venga il Tuo regno, sia fatta la Tua volontà
 come in cielo così in terra.
Dacci oggi il nostro pane quotidiano,
 rimetti a noi i nostri debiti ,
 come noi li rimettiamo ai nostri debitori
e non ci indurre in tentazione
 ma liberaci dal male Amen.

Ave Maria piena di grazia il Signore è con Te. Tu sei benedetta
fra tutte le donne e benedetto
è il frutto del Tuo seno Gesù.

VISITA ALLA CUGINA ELISABETTA

Santa Maria madre di Dio
prega per noi peccatori adesso e
nell'ora della nostra morte .Amen

Gloria al Padre al Figlio e allo Spirito
Santo, come era nel Principio,
ora e sempre nei secoli dei secoli
Amen.

GIACULATORIE
Eterno riposo dona loro o Signore
e splenda ad essi la luce perpetua,
riposino in pace Amen

O Gesù perdona le nostre colpe preservaci /salvaci
dal fuoco dell'Inferno, porta in cielo tutte le anime,
specialmente le più bisognose della Tua misericordia.
Amen
Regina della pace prega per noi.
O MARIA NOI TI AMIAMO.

3° Mistero gaudioso
Nel terzo mistero si contempla la nascita
 di Gesù a Betlemme.

Giuseppe e Maria salirono da Nazaret a Betlemme e
mentre si trovavano in quel luogo Maria diede alla luce il
Suo figlio primogenito, lo avvolse in fasce e lo depose in
una mangiatoia.
Luca 2, 6-7

RIFLESSIONE

III° Mistero gaudioso
SPIRITO DI POVERTA'

Gesù è nato in povertà, amiamo questo suo essere amore
verso la santissima Trinità, che vegliava sul pargoletto in
fasce nella grotta di Betlemme.
Accogliamo in noi questa icona, sapendo che è un volere
della s.s. trinità, rispettiamola negli altri, impariamo ad
amarla, cercarla in noi stessi e nell'ambiente.
Di nulla egli si è lamentato.
Non lamentiamoci dunque, sia in ricchezza , sia in povertà.

Padre nostro che sei nei cieli,
 si santificato il Tuo nome, venga il Tuo regno,
sia fatta la Tua volontà come in cielo così in terra.
Dacci oggi il nostro pane quotidiano,
rimetti a noi i nostri debiti
 come noi li rimettiamo ai nostri debitori

e non ci indurre in tentazione
ma liberaci dal male. Amen

Ave Maria piena di grazia il Si_
gnore è con Te. Tu sei benedetta
fra tutte le donne e benedetto è
il frutto del Tuo seno Gesù.
  NASCITA DI GESU'
Santa Maria madre di Dio prega
peccatori adesso e nell'ora della nostra morte amen.

Gloria al Padre e al Figlio e allo Spirito Santo,
 come era nel Principio,
 ora e sempre nei secoli dei secoli
Amen
GIACULATORIE
Eterno riposo dona loro o Signore e splenda ad essi la luce
perpetua amen
O Gesù perdona le nostre colpe preservaci/salvaci dal
fuoco dell'inferno porta in cielo tutte le anime
specialmente le più bisognose della Tua misericordia
Amen.
l
Regina della pace prega per noi

O MARIA NOI TI AMIAMO
4° Mistero gaudioso

Nel quarto mistero gaudioso si contempla la presentazione di Maria al tempio al santo e vecchio Simeone e la sua purificazione .
Quando venne il tempo della purificazione, secondo la legge di Mosè, portarono il bambino a Gerusalemme per offrirlo al Signore come è scritto nella legge del Signore.
Ogni maschio primogenito sarà sacro al Signore.

RIFLESSIONE

IV° Mistero gaudioso
OFFRIAMOCI A DIO
Come Maria al Suo fiat è diventata sposa,madre, corredentrice del genere umano, educatrice, e piena di Spirito Santo, offriamoci anche noi, imitando la vergine, a Dio che ci ricolmerà di ogni grazia e diveniamo anche noi amanti della società in cui viviamo, diventiamo amore con Maria s.s. .
Offriamoci a Dio imitando la vergine santa.

Padre nostro che sei nei cieli
sia santificato il Tuo nome, venga il Tuo regno,
 sia fatta la Tua volontà come in cielo così in terra.
Dacci oggi il nostro pane quotidiano,
 rimetti a noi i nostri debiti
come noi li rimettiamo ai nostri debitori
e non ci indurre in tentazione

ma liberaci dal male amen.

Ave Maria piena di grazia il Signore è con Te, Tu sei benedetta fra tutte le donne e benedetto è il frutto del Tuo seno Gesù.

PRESENTAZIONE DI GESU' AL TEMPIO AL SANTO E VECCHIO SIMEONE
Santa Maria madre di Dio prega
per noi peccatori adesso e
 nell'ora della nostra morte.
Amen.

Gloria al Padre e al Figlio e allo Spirito Santo,
 come era nel Principio
 ora e sempre
 nei secoli dei secoli Amen.

O Gesù' perdona le nostre colpe
Preservaci/ salvaci dal fuoco dell'Inferno
 porta in cielo tutte le anime specialmente le più bisognose della Tua misericordia. Amen

Regina della pace prega per noi.

O MARIA NOI TI AMIAMO

V° Mistero gaudioso
Nel quinto mistero gaudioso si contempla lo smarrimento e il ritrovamento di Gesù al tempio.

l fanciullo Gesù rimase a Gerusalemme senza che i genitori se ne accorgessero.
Dopo tre giorni lo trovarono che disputava coi dottori della legge , mentre li ascoltava e li interrogava.

LUCA 2, 43-46

RIFLESSIONE

5° Mistero gaudioso
IMPARIAMO DA GESU' ED AMIAMOLO.

Gesù' è fanciullo, si smarrisce e compie la volontà del Padre e dello Spirito Santo educatore: disputa coi dottori del tempio.
Gesù viene ritrovato da Maria e da Giuseppe intento al lavoro.
Impariamo consegnare il nostro lavoro a Dio e amiamo Gesù e la S.S. Trinità, sapendo che essa coopera alla salvezza nostra e dell'umanità.
Tutto ciò è bello e degno di essere imparato ed amato.

Padre nostro che sei nei cieli
sia santificato il Tuo nome, venga il Tuo regno,
 sia fatta la Tua volontà come in cielo così in Terra.
Dacci oggi il nostro pane quotidiano,
rimetti a noi i nostri debiti come noi li rimettiamo
 ai nostri debitori e non ci indurre in tentazione
ma liberaci dal male. Amen.

Ave Maria piena di grazia il Signore è con Te. Tu sei
benedetta fra tutte le donne e benedetto è il frutto del tuo
seno Gesù.

GESU' E' SMARRITO E RITROVATO
Santa Maria madre di Dio prega
Per noi peccatori adesso e
 nell'ora della nostra morte. Amen.

Gloria al Padre e al Figlio e allo Spirito Santo,
come era nel principio,
 ora e sempre nei secoli dei secoli Amen

        GIACULATORIE
Eterno riposo dona loro o Signore
e splenda ad essi la luce perpetua,
riposino in pace Amen

O Gesù perdona le nostro colpe preservaci /salvaci dal
fuoco dell'Inferno porta in cielo tutte le anime
specialmente le più bisognose della Tua misericordia.
Amen

Regina della pace prega per noi.

O MARIA NOI TI AMIAMO.

SALVE REGINA

Salve   o regina madre di misericordia, vita dolcezza,
speranza nostra ,salve.
A Te ricorriamo noi esuli figli di Eva, a Te sospiriamo,
gementi e piangenti in questa valle di lacrime.
 Orsù dunque avvocata nostra, rivolgi a noi quegli occhi
Tuoi misericordiosi, e mostraci dopo questo esilio, il frutto
benedetto del Tuo seno: Gesù.
O clemente ,o pia, o dolce vergine Maria.

LITANIE SPONTANEE

Signore pietà   Signore pietà
Cristo pietà   Cristo pietà
Signore pietà   Signore pietà
Cristo ascoltaci   Cristo ascoltaci
Cristo esaudiscici   Cristo esaudiscici
Padre del cielo che sei DIO   ABBI PIETA' DI NOI
Figlio redentore del mondo che sci Dio   "
Spirito Santo che sei Dio   "
Santa Trinita' unico Dio   "
Santa Maria   "
Santa Madre di Dio   "
Santa vergine delle vergini   "
Madre di Cristo   "
Madre di ogni uomo   "
Madre buona   "
Madre castissima   "
Madre santissima   "
Madre senza errore   PREGA PER NOI
 Madre perfetta   "

Madre disposta all'aiuto   "
Madre del creatore   "
Madre dell'Emmanuele   "
Madre del Salvatore   "
Madre che aggiusta   "
Madre che disponi ogni cosa al bene   "
Madre sempre vergine   "
Madre del DIO vivente   "
Vergine prudente   "
Vergine vittoriosa   "
Vergine che lotta contro il male   "
Vergine piena di ogni grazia   "
Vergine da lodare   "
Vergine da imitare   "
Vergine da seguire   "
Vergine piena di virtù   "
Vergine fedele   "
Vergine sincera   "
Vergine divina   "
Donna perfetta   "
Donna che appartieni a Dio   "
Donna sapiente   "
Donna orante   "
Donna che apporti gioia   "
Donna che ami Dio   "
Tempio dello Spirito Santo   "
Donna che ti offri al Signore   "
Donna che sposi il Signore   "
Tabernacolo glorioso   "
Rifugio sicuro   "

Maestra dell'umanità   "
Rosa aulentissima   "
Donna piena di ingegno   "
Torre della città santa   "
Santuario di DIO   "
Roveto ardente   "
Arca dell'alleanza   "
Porta del cielo   "
Vergine feconda   "
Stella del mattino   "
Salute dei malati   "
Luce del mondo   "
Donna inespugnabile   "
Donna che santifichi   "
Donna che non nuoci   "
Donna che assolvi   "
Fonte della grazia   "
Donna che allontani il male e lo distruggi   "
Rifugio sicuro   "
Maestra dell'Umanità   "
Aiuto dei cristiani   "
Regina degli angeli   "
Regina dei patriarchi   "
Regina dei profeti   "
Regina degli apostoli   "
Regina dei martiri   "
Regina di confessori della fede   "
Regina del mondo   "
Regina dell'Umanità   "
Regina della città celeste   "

Regina dei santi   "
Regina Immacolata   "
Regina assunta   "
Regina ricercata   "
Regina ricca di ogni bene   "
Regina che insegni l'ascesi   "
Regina di ogni famiglia   "
Madre che indichi la via   "
Regina della pace   "
AGNELLO DI DIO CHE TOGLI I PECCATI DEL MONDO
- ABBI PIETA' DI NOI
AGNELLO DI DIO CHE TOGLI I PECCATI DEL MONDO
-PERDONACI O SIGNORE
AGNELLO DI DIO CHE TOGLI I PECCATI DEL MONDO
-ACOLTACI O SIGNORE

Prega per noi santa madre di DIO
-perché siamo resi degni della promessa di Cristo.
PREGHIAMO
O Dio il Tuo unico figlio ci ha procurato i beni della
salvezza eterna con la sua vita , morte e resurrezione,
concedi con il santo rosario della beata e sempre vergine
Maria di meditare questi santi misteri , di imitarti e di
seguirti sulla strada della salvezza, onde meritare ed
ottenere quello che promettono per i meriti di Cristo
Nostro Signore. Amen.
CANTO   (quello proposto o a scelta)

TU SCENDI DALLE STELLE
Tu scendi dalle stelle o re del cielo,

e vieni in una grotta al freddo e al gelo.
O bambino mio divino, io ti vedo qui a tremar:
O Dio Beato, ah quanto ti costò l'avermi amato.
A Te che sei del mondo il creatore, mancano panni e fuoco
o mio Signore.
Caro eletto pargoletto quanto questa povertà
Più mi innamora giacchè ti fece amor povero ancora.
Tu lasci del Tuo padre il divino seno per venir a penar su
poco fieno.
Dolce amor del mio cuor , dove amor ti trasportò?
O Gesù mio perché tanto patir? Per amor mio.
Ma se fu tuo volere il Tuo volere il Tuo patire perché vuoi
pianger poi perché vagire?
Sposo mio, amato DIO, mio Gesù t'intendo si, ah mio
Signore, Tu piangi non per duolo ma per amore!

Padre nostro che sei nei cieli,
sia santificato il Tuo nome, venga il Tuo regno,
 sia fatta la Tua volontà, come in cielo così in Terra.
Dacci oggi il nostro pane quotidiano, rimetti a noi i nostri
debiti, come noi li rimettiamo ai nostri debitori,
 e non ci indurre in tentazione
ma liberaci dal male .Amen.

Ave Maria piena di grazia il Signore
è con Te.Tu sei benedetta fra tutte le donne e benedetto è il
frutto del Tuo seno Gesù.
Santa Maria madre di DIO prega per noi peccatori adesso
e nell'ora della nostra morte. Amen.

Gloria al Padre e al Figlio e allo Spirito Santo come era nel Principio ora e sempre, nei secoli dei secoli Amen.
(Padre, ave e gloria per il santo Padre e per l'ACQUISTO DELLE SANTE INDULGENZE)

II° POSTA O CORONA
Nel primo mistero della luce (o di Gesù') si contempla il battesimo di Gesù.

Appena battezzato Gesù uscì dall'acqua ed ecco si aprirono i cieli ed egli vide lo Spirito di Dio venire su di lui.
Ed ecco una voce dal cielo che disse:"<<Questi è il mio figlio prediletto nel quale mi sono compiaciuto.>>"
MATTEO   3,16-17

RIFLESSIONE

I° mistero della luce o di Gesù

SEGUIAMO GESU' PER SALVARCI

Gesù è battezzato, anche noi abbiamo ricevuto, al fonte battesimale, l'amore della santissima trinità e siamo stati perdonati.
Cerchiamo e rendiamoci conto che potremo allontanarci dal Giordano, ossia dal fonte battesimale.
Gesù non l'ha fatto, è stato obbediente fino alla morte.
Morte anziché peccati dunque.
Seguiamo Gesù nella via della purezza e santità di vita.

Padre nostro che sei nei cieli sia santificato il Tuo nome,
venga il Tuo regno , sia fatta la Tua volontà, come in cielo
così in Terra.
Dacci oggi il nostro pane quotidiano, rimetti a noi i nostri
debiti come noi li rimettiamo ai nostri debitori e non ci
indurre in tentazione ma liberaci dal male. Amen

Ave Maria piena di grazia il Signore è con Te.
Tu sei benedetta fra tutte le donne
e benedetto è il frutto del Tuo seno Gesù.
      GESU' E' BATTEZZATO
Santa Maria madre di Dio prega
 per noi peccatori adesso e
 nell'ora della nostra morte Amen.

Gloria al Padre e al Figlio e allo Spirito Santo,
come era nel Principio ora e sempre
 nei secoli dei secoli AMEN

     GIACULATORIE
Eterno riposo dona loro o Signore e
 splenda ad essi la luce perpetua,
riposino in pace Amen.

O Gesù perdona le nostre colpe
preservaci/ salvaci dal fuoco dell'Inferno
Porta in cielo tutte le anime specialmente le più bisognose
della Tua misericordia. Amen

Regina della pace prega per noi

O GESU' VERBO INCARNATO TU SEI DEGNO DI LODE,
NOI TI AMIAMO
2° Mistero della luce
Nel secondo mistero della luce (o di Gesù) si contempla
come Gesù è tentato dal diavolo e lo vince.

.....Subito dopo lo Spirito lo sospinse nel deserto e vi
rimase quaranta giorno, tentato dal diavolo,
 o Satana, stava con le fiere e gli angeli lo servivano.
Marco 1, 12-13

RIFLESSIONE

II° Mistero della luce
IMITIAMO GESU' NELLA LOTTA CONTRO IL MALE
L'imitazione di Cristo è un dovere per ogni cristiano, come
lui ci ha amati così dobbiamo fare anche noi.
Gesù lotta e vince il diavolo. Quante volte ci capita lo
stesso, fin da quando eravamo piccoli, ebbene amiamo
questo dono di Dio nell'amministrare le giornate, tenendo
fisso lo sguardo su colui che tutto creò, anche il tempo e lo
riempì con azioni di grazia innumerevoli, certi di vincere il
male attorno a noi come Gesù.

Padre nostro che sei nei cieli, sia santificato il Tuo nome,
venga il Tuo regno sia fatta la Tua volontà come in cielo
così in terra.
Dacci oggi il nostro pane quotidiano, rimetti a noi i nostri
debiti come noi li rimettiamo ai nostri debitori e non ci
indurre in tentazione ma liberaci dal male. Amen

Ave Maria piena di grazia
il Signore è con Te.
Tu sei benedetta fra le donne
e benedetto è il frutto del Tuo seno Gesù.
   GESU' E' TENTATO DAL DIAVOLO E LO VINCE
Santa Maria madre di Dio prega
per noi peccatori adesso e nell'ora
della nostra morte Amen.

Gloria al Padre e al figlio e allo Spirito Santo,
come era nel Principio ora e sempre
nei secoli dei secoli AMEN.

GIACULATORIE
Eterno riposo dona loro o Signore
e splenda ad essi la luce perpetua,
riposino in pace Amen
O Gesù perdona le nostre colpe
Preservaci/salvaci dal fuoco dell'Inferno, porta in cielo
tutte le anime specialmente le più bisognose della Tua
misericordia .Amen
Regina della pace prega per noi

O GESU' VERBO INCARNATO TU SEI DEGNO DI LODE,
NOI TI AMIAMO

3° Mistero della luce
Nel terzo mistero della luce(o di Gesù) si contempla come
Gesù compie miracoli e dona.

"Tre giorno dopo ci fu uno sposalizio a Cana di Galilea e c'era la madre di Gesù, venuto a mancare il vino, la madre di Gesù gli disse: <<Non hanno più vino.>>
<<Che ho da fare con te o donna, non è giunta la mia ora>> rispose. La madre di Gesù dice ai servi:<<Fate quello che vi dirà.>>

Giovanni 2
RIFLESSIONE

III° Mistero della luce
AMIAMO GESU' UOMO PRODIGIOSO

Gesù' non era come noi, era prodigioso.
Amiamolo in questo suo essere diverso da noi e riconosciamolo come aiuto della sapienza del Padre
Dell'amore del Figlio e della gloria dello Spirito Santo per la salvezza dell'umanità.
Cerchiamo i suoi miracoli e ringraziamolo per questo suo essere amore e riconosciamolo superiore e crediamo che egli chiama alcuni uomini: I santi, a compiere anche oggi i miracoli , per salvarci e guarirci, e allietarci nella diversità dei dono.

Padre nostro che sei nei cieli
Sia santificato il Tuo nome venga il Tuo regno,
sia fatta la Tua volontà come in cielo così in terra.
Dacci oggi il nostro pane quotidiano,
 rimetti a noi i nostri debiti come noi li rimettiamo

ai nostri debitori e non ci indurre in tentazione
ma liberaci dal male. Amen

Ave Maria piena di grazia il Signore è con Te. Tu sei benedetta fra tutte
le donne e benedetto è il frutto del
Tuo seno Gesù.
        GESU' COMPIE MIRACOLI
Santa Maria madre di Dio prega
per noi peccatori adesso e nell'ora
 della nostra morte AMEN.

4° MISTERO della luce
Nel quarto mistero della luce (o di Gesù')
Si contempla la trasfigurazione di Gesù' al Tabor e
l'annuncio del regno dei cieli.

Sei giorni dopo Gesù prese con sé Pietro, Giacomo e
Giovanni suo fratello e li condusse in disparte, su un alto
monte e fu trasfigurato davanti a loro, il suo volto brillò
come luce.
Ed ecco apparve loro Mosè ed Elia che conversavano con
lui.
....Ed ecco una voce." Questi è il mio figlio prediletto nel
quale mi sono compiaciuto. Ascoltatelo."
 Matteo 17, 1

RIFLESSIONI
4° Mistero della luce

O GESU' FIGLIO DEL DIO VIVENTE CI PROSTRIAMO A
TE.

L'adorazione di DIO è un dovere di ogni cristiano, in
alcuni casi è d'obbligo.
 Quando Gesù si rende visibile così come egli è, occorre
adorare e non parlare, occorre riconoscere in Gesù DIO e
non un amico.
Quante volte dimentichiamo di rispettare DIO in quanto
essere tale, da lui ci proviene ogni forma di bene, è degno
dunque di ogni lode.
Prostriamoci a Lui ed adoriamolo dunque.

Padre nostro che sei nei cieli, sia santificato
Il Tuo nome,venga il Tuo regno, sia fatta la Tua volontà
come in cielo così in terra.
Dacci oggi il nostro pane quotidiano, rimetti a noi i nostri
Debiti, come noi li rimettiamo ai nostri debitori e non ci
indurre in tentazione ma liberaci dal male.

Ave Maria piena di grazia il Signore è con Te.
Tu sei benedetta fra tutte le donne e benedetto è
il frutto del Tuo seno Gesù.
      GESU' SI TRASFIGURA AL TABOR
Santa Maria madre di Dio prega per noi peccatori
Adesso e nell'ora della nostra morte AMEN.

Gloria al Padre e al Figlio e allo Spirito Santo
Come era nel Principio, ora e sempre
 nei secoli dei secoli amen.

GIACULATORIE

Eterno riposo dona loro o Signore e
splenda ad essi la luce perpetua,
 riposino in pace amen.

O Gesù perdona le nostre colpe, preservaci/salvaci dal
fuoco dell'Inferno ,porta in cielo le più bisognose della Tua
misericordia. Amen
Regina della pace prega per noi

O GESU' VERBO INCARNATO TU SEI DEGNO DI OGNI
LODE, NOI TI AMIAMO

5° Mistero della luce

Nel quinto mistero della luce (o di Gesù)
Si contempla come Gesù istituisce l'Eucarestia.
.....Poi preso un pane rese grazie lo spezzò e lo diede loro
dicendo: "Questo è il mio corpo che è dato per voi, fate
questo in memoria di me."
Allo stesso modo prese il calice dicendo:"Questo calice è la
nuova alleanza nel mio sangue che viene versato per voi ,
fate questo finchè io ritorni."

RIFLESSIONI

V° Mistero della luce
RINGRAZIAMO GESU' PER ESSERSI OFFERTO PER
SALVARCI E SFAMARCI.

Gesù si offre sulla croce morendo per salvarci
E' difficile credere ciò, eppure la sua morte porta alle stimmate, ossia alle piaghe che si sono aperte sul suo corpo a causa delle innumerevoli battiture, esse ci salvano e ci coprono, sci santificano e ci illuminano.
Ancora egli ci sfama perché istituisce l'Eucarestia, in ricordo della sua passione e morte, dandoci l'ostia, la vita in cambio della morte, la pace in cambio delle percosse.

Padre nostro che sei nei cieli sia
Santificato il tuo nome venga il Tuo regno,
sia fatta la Tua volontà, come in cielo così in terra.
Dacci oggi il nostro pane quotidiano, rimetti a noi i nostri debiti come noi li rimettiamo ai nostri debitori e non ci indurre in tentazione ma liberaci dal male. Amen.

Ave Maria piena di grazia il Signore è con Te tu sei benedetta fra le donne e benedetto è il frutto del tuo seno Gesù.
   GESU' ISTITUISCE L'EUCARESTIA
Santa Maria madre di DIO prega per noi peccatori adesso e nell'ora della nostra morte AMEN.

Gloria al Padre al Figlio e allo Spirito Santo
Come era nel Principio ora e
sempre nei secoli dei secoli Amen.

   GIACULATORIE

Eterno riposo dona loro o Signore e

Splenda ad essi la luce perpetua,
riposino in pace AMEN.

O Gesù perdona le nostre colpe
Preservaci/ salvaci dal fuoco dell'Inferno
Porta in cielo tutte le anime specialmente le più bisognose
della Tua misericordia. AMEN.

Regina della pace prega per noi

O GESU' VERBO INCARNATO TU SEI DEGNO DI LODE,
NOI TI AMIAMO.

SALVE REGINA

Salve regina madre di misericordia , vita dolcezza speranza
nostra, salve.
A Te ricorriamo noi esuli figli di Eva , a Te sospiriamo
Noi esuli figli di Eva, A Te sospiriamo gementi e piangenti
in questa valle di lacrime.
Orsù dunque avvocata nostra, rivolgi a noi
quegli occhi tuoi misericordiosi, e mostraci dopo questo
esilio il frutto benedetto del Tuo seno: Gesù.
O clemente o pia o dolce vergine Maria.

LITANIE SPONTANEE (O A SCELTA)

Signore pietà	Signore pietà
Cristo pietà	Cristo pietà
Signore pietà	Signore ietà
Cristo esaudiscici	Cristo esaudiscici
Padre del cielo che sei Dio	Abbi pietà di noi
Figlio redentore del mondo	abbi pietà di noi
Spirito Santo che sei Dio	abbi pietà di noi
Santa Maria madre di Cristo	abbi pietà di noi
Santa Maria madre del Dio vivente	abbi pietà di noi
Santa Maria madre dell'Emmanuele	abbi pietà di noi
Santa Maria regina del mondo	abbi pietà di noi
Santa Maria che salvi	abbi pietà di noi
Santa Maria piena di grazia	abbi pietà di noi
Santa Maria vergine	abbi pietà di noi
Santa Maria che preghi per l'Umanità	"
Santa Maria che spezzi i legami agli oppressi	"
Santa Maria che liberi	"
Santa Maria fonte di ogni bene	"
Santa Maria che ami tuo figlio Gesù	abbi pietà di noi
Santa Maria che segui tuo figlio Gesù	"
Santa Maria che educhi Gesù	"
Santa Maria al fonte battesimale	"
O Gesù Salvatore	"
O Gesù salvatore del mondo	"
O Gesù redentore	"
O Gesù obbediente al Giordano	"
O Gesù che vinci il diavolo	"
O Gesù che compi miracoli	"

O Gesù che ti trasfiguri   "
O Gesù che doni l'Eucarestia   "
O Trinita santa e benedetta dall'uomo e
dalla natura   "
O Gesù intelligenza del mondo   "
O Gesù fonte d'acqua pura   "
O Gesù luce del mondo   "
O Gesù amico dei pargoli   "
O Gesù adolescente   "
O Gesù liberatore dell'uomo   "
O Gesù fonte di gioia   "
O Gesù vergine   "
O Gesù verbo incarnato   "
O Gesù parola del Dio vivente   "
O Gesù principe degli angeli   "
O Gesù principe degli angeli   "
O Gesù prodigioso   "
O Gesù figlio del Dio vivo   "
O Gesù pane e vino celestiale   "
O Gesù guaritore dei malati   "
O Regina della pace e madre di Dio   "
O Maria madre perfetta   "
O Maria madre senza errore   "
O Maria donna buona   "
Santa Maria sposa della s.s. trinità   "
Santa Maria tempio del Dio vivente   "
Santa Maria sposa casta   "
Santa Maria madre che aggiusta   "
Santa Maria madre disposta all'aiuto   "
Santa Maria che risolvi   "

Santa Maria onnipotente per grazia   "
Santa Maria che sveli i misteri   "
Santa Maria madre di ogni uomo   "
O Gesù bambino perseguitato   "
O Gesù bambino visitato dai magi   "
O Gesù bambino adorato dagli angeli   "
O Gesù bambino prodigioso   "
Santa Maria giardino vivente   "
Santa Maria donna senza macchia   "
Santa Maria donna esule in terra d'Egitto   "
Santa Maria donna coraggiosa   "
Santa Maria discepola del Signore   "
Santa Maria che accetti la volontà del Padre, del Figlio e
dello Spirito Santo   "
Santa Maria Immacolata ed unica   "
Agnello di DIO che togli i peccati del mondo
    -ascoltaci o Signore
Agnello di Dio che togli i peccati del mondo
-   Perdonaci o Signore

Agnello di Dio che togli i peccati del mondo
-   Abbi pietà di noi
Prega per noi Santa Madre Di Dio
-   Affinchè siamo fatti degni delle promesse di Cristo.
PREGHIAMO
Concedi o Signore di meditare i tuoi misteri e di imitarli, di
seguirti sulla strada della salvezza, di ringraziarti per
questo dono, desiderare quello che promettono, e
santificare così la nostra vita.

CANTO DELLA SECONDA POSTA O CORONA

T'adoriamo Ostia divina T'adoriam ostia d'amor
T'adoriam ostia divina T'adoriam Ostia d'amor
rit
Tu degli angeli il sospiro,Tu dell'uomo sei l'onor
rit
Tu dei forti la dolcezza, tu dei deboli il vigor
rit
Tu salute dei viventi tu speranza di chi muore
rit
Ti conosca il mondo e t'ami, tu la gioia d'ogni cuor
rit
Ave o Dio nascosto e grande, tu dei secoli il Signor.
rit

Padre nostro che sei nei cieli sia santificato
 il Tuo nome venga il Tuo regno,sia fatta la
Tua volontà come in cieli così in terra.
Dacci oggi il nostro pane quotidiano ,
 rimetti a noi i nostri debiti e non ci indurre
 in tentazione ma liberaci dal male amen

Ave Maria piena di grazia il Signore è con Te
Tu sei benedetta fra tutte le donne e benedetto
 è il frutto del Tuo seno Gesù.
Santa Maria madre di Dio prega per noi peccatori
 adesso e nell'ora della nostra morte amen .

Gloria al Padre e al Figlio e allo Spirito Santo
Come era nel Principio, ora e sempre
 nei secoli dei secoli amen .
(Padre, ave, Gloria per il Santo Padre e per l'acquisto delle
sante indulgenze)

III° POSTA O CORONA
Nel primo mistero del dolore si contempla l'orazione di
Gesù negli orti degli Ulivi e il suo sudor di sangue.

....Uscito dal cenacolo Gesù se ne andò come al solito, al
monte degli ulivi, anche i discepoli lo seguivano , giunto
sul luogo pregava. Padre se vuoi allontana da me questo
calice tuttavia non sia fatta la mia volontà.
In preda all'angoscia pregava più intensamente e il suo
sudore diventò come gocce di sangue che cadevano a
terra.

 RIFLESSIONI

III° POSTA O CORONA
I° mistero del dolore
AMIAMO GESU' EGLI SOFFRE PER NOI

Gesù soffre: suda sangue;accettiamo questo suo dolore su
di noi,, desideriamo ardentemente soffrire come Gesù,
soffrire ed amare come Gesù amava.
Lodiamo Gesù e ringraziamolo per questo suo dolore.
Egli così col su sangue, ha riscattato il mondo, imitiamolo
nella contemplazione, in un orto immaginario, che è quello

del Getsemani e desideriamo essere con lui, soffrire ed
amare come lui fa.

Padre nostro che sei nei cieli si santificato
il Tuo nome , venga il Tuo regno,
sia fatta la Tua volontà come in cielo
 così in Terra.
Dacci oggi il nostro pane quotidiano, rimetti
 a noi i nostri debiti, come noi li rimettiamo ai nostri
debitori e non ci indurre in tentazione ma liberaci
 dal male amen.

Ave Maria piena di grazia il Signore è con Te
Tu sei benedetta fra tutte le donne e benedetto ò il frutto
del Tuo seno Gesù
ORAZIONE DI GESU' NEL GETSEMANI
Santa Maria madre di Dio prega per noi peccatori
 adesso e nell'ora della nostra morte amen.

Gloria al Padre e l Figlio e allo Spirito Santo come era nel
Principio ora e sempre nei secoli dei secoli amen.

GIACULATORIE

Eterno riposo dona loro o Signore e splenda ad essi la luce
perpetua, riposino in pace amen.

O Gesù perdona le nostre colpe preservaci/salvaci dal
fuoco dell'Inferno, porta in cielo tutte le anime

specialmente le più bisognose della Tua misericordi.
Amen.

Regina della pace prega per noi.

O GESU' COL TUO SANGUE PREZIOSISSIMO HAI
RISCATTATO IL MONDO

2° MISTERO DOLOROSO
Nel secondo mistero del dolore si contempla la
flagellazione di Gesù alla colonna.

Disse Pilato: Che farò di Gesù chiamato il Cristo. Tutti gli
risposero: " Sia crocifisso". E Pilato volendo dar
soddisfazione alla moltitudine rilasciò loro Barabba e
dopo aver fatto flagellare Gesù lo consegnò loro perché
fosse crocifisso.
MARCO 15, 14-15

RIFLESSIONI

II° Mistero del dolore
O GESU' OFFRIAMO A TE I NOSTRI VESTITI
Gesù è denudato e flagellato.
Viviamo sulla nostra persona questo dolore, questa offerta
di sé agli altri, in quel momento ai suoi crocifissori e anche
noi peronismo ai nostri nemici, soprattutto a coloro che ci
denudano, amandoli come Gesù ha amato i suoi
crocifissori e con Lui tutti i peccatori che rinnovano questo
suo dolore. Offriamo i nostri vestiti a Gesù.

Padre nostro che sei nei cieli
Sia santificato il Tuo nome , venga il Tuo
Regno, sia fatta la Tua volontà, come in cielo
così in Terra.
Dacci oggi il nostro pane quotidiano,
rimetti a noi i nostri debiti come noi li rimettiamo ai nostri
debitori e non ci indurre in tentazione
 ma liberaci dal male AMEN.

Ave Maria piena di grazia il Signore è con Te tu sei
benedetta fra le donne e benedetto è il frutto del Tuo seno
Gesù.
GESU' E' FLAGGELLATO
Santa Maria madre di Dio prega per noi peccatori
 Adesso e nell'ora della nostra morte Amen.

Gloria al Padre e al Figlio e allo Spirito Santo
Come era nel Principio ora e sempre nei secoli
dei secoli amen.

GIACULATORIE
Eterno riposo dona loro o Signore e splenda d esse la luce
perpetua, riposino in pace amen.

O Gesù perdona le nostre colpe preservaci/salvaci dal
fuoco dell'Inferno porta in cielo tutte le anime
specialmente le più bisognose della Tua misericordia.
Amen.

REGINA DELLA PACE PREGA PER NOI

O Gesù col Tuo sangue preziosissimo hai riscattato il mondo.

3° Mistero del dolore
Nel terzo mistero del dolore si contempla la coronazione di spine.

"I soldati lo condussero dentro il cortile cioè nel pretorio, e convocarono tutta la coorte, lo rivestirono di porpora e dopo aver intrecciato una corona di spine, gliela misero sul capo. Cominciarono poi a salutarlo:" Salve re dei Giudei."

Marco 15, 16-18

RIFLESSIONE

III° Mistero del dolore
IMPARIAMO DA GESU' A COMPORTARCI

Nel dolore, nella gioia, nella vita imitiamo Gesù,egli è il maestro per eccellenza.
I soldati lo riconoscono Re, quante volte gli altri riconoscono in noi i nostri meriti e ci beffeggiano,
Come Gesù accettiamo la coronazione di spine come dolore spirituale voluto da Dio Padre e da Dio Spirito Santo e come educazione della nostra intelligenza ai voleri di Dio sulla nostra persona e nei rapporti sociali.

Padre nostro che sei nei cieli sia santificato
il Tuo nome, venga il Tuo regno sia fatta
 la Tua volontà come in cielo così in Terra.
Dacci oggi il nostro pane quotidiano, rimetti a noi
i nostri debiti come noi li rimettiamo ai nostri
 debitori e non ci indurre in tentazione ma
 liberaci dal male.

Ave Mari piena di grazia il Signore è con Te.
Tu sei benedetta fra tutte le donne e benedetto è il
Frutto del Tuo seno Gesù
GESU' E' CORONATO DI SPINE
Santa Maria madre di Dio prega per noi peccatori
 adesso e nell'ora della nostra morte amen.

Gloria al Padre e al Figlio e allo Spirito Santo
Come era nel Principio ora e sempre nei secoli
dei secoli amen.

GIACULATORIE
Eterno riposo dona loro o Signore e splenda ad essi la luce
perpetua, riposino in pace amen.

O Gesù' perdona le nostre colpe preservaci/ salvaci dal
fuoco dell'Inferno, porta in cielo tutte le anime
specialmente le più bisognose della Tua
misericordia.Amen.
 Regina della pace prega per noi.
 O GESU' COL TUO SANGUE PREZIOSISSIMO HAI
RISCATTATO IL MONDO.

4°MISTERO DOLOROSO
Nel quarto mistero del dolore si contempla come Gesù porta la croce al Calvario

.....Allora presero Gesù ed egli portando la croce, si avviò verso il luogo del Cranio detto in ebraico Golgota, dove lo crocifissero.

Giovanni 19,17-18

RIFLESSIONE

IV° MISTERO DEL DOLORE
O GESU' AIUTACI A VIVERE LA TUA PASSIONE PER SALVARCI.

La passione di Gesù è imperativa, infatti quando facciamo la via crucis, la Chiesa ci assicura che riceviamo una indulgenza parziale o plenaria delle nostre pene. Chiediamo a Gesù di aiutarci a vivere la sua passione con le stimmate (si ottiene ciò che si chiede)
Rivivendo, contristandoci e provando un forte dolore dei nostri peccati per salvarci.

Padre nostro che sei nei cieli sia santificato il Tuo nome, venga il Tuo regno sia fatta la Tua volontà come in cielo così in Terra.

Dacci oggi il nostro pane quotidiano, rimetti a noi i nostri debiti come noi li rimettiamo ai nostri debitori e non ci indurre in tentazione ma liberaci dal male AMEN

Ave Maria piena di grazia il Signore è con Te.
Tu sei benedetta fra tutte le donne e benedetto è il frutto del Tuo seno Gesù.
  GESU' PORTA LA CROCE AL CALVARIO
Santa Maria madre di Dio prega per noi peccatori
Adesso e nell'ora della nostra morte Amen

Gloria al Padre e al Figlio e allo Spirito Santo
Come era nel Principio ora e sempre nei secoli
dei secoli amen.

GIACULATORIE
Eterno riposo dona loro o Signore e splenda
Ad essi la luce perpetua, riposino in pace amen

O Gesù perdona le nostre colpe preservaci/salvaci dal fuoco dell'Inferno porta in cielo tutte le anime specialmente le più bisognose della Tua misericordia. Amen.

Regina della pace prega per noi.
O GESU' COL TUO SANGUE PREZIOSISSIMO HAI RISCATTO IL MONDO.
5°Mistero del dolore
Nel quinto mistero del dolore si contempla la more di Gesù sulla croce.

.....Gesù vedendo la madre e accanto a lei il discepolo
Che lui amava, disse alla madre: Donna ecco Tuo figlio.
Poi disse al discepolo: Ecco tua madre si fece buio su tutta
la Terra fino alle tre del pomeriggio..
Gesù gridando a gran voce disse:"<< Padre nelle tue mani
consegno il mio spirito">> . Detto questo spirò.
LUCA 23,   44-46

Giovanni 19, 25-

RIFLESSIONE

V° Mistero del dolore
CERCHIAMO NEL NOSTRO CUORE UN GRANDE
 DOLORE DEI PECCATI

Gesù muore fermiamoci un attimo per adorarlo: tutto
quello che possiamo fare per lui è alleviare i suoi dolori,
sapendo che egli è morto per la nostra salvezza
condonandoci i peccati, tra le moltissime altre grazie che
egli ci ottiene.
Proviamo con la contrizione dei nostri peccati a togliere
qualche pena a Gesù e affidiamoci nelle mani di Dio.

Padre nostro che sei nei cieli , sia santificato il Tuo
Nome, venga il Tuo regno, sia fatta la Tua volontà,
 come in cielo così in Terra.

Dacci oggi il nostro pane quotidiano, rimetti a noi i nostri debiti come noi li rimettiamo ai nostri debitori e non ci in durre in tentazione ma liberaci dal male AMEN.

Ave Maria piena di grazia il Signore è con Te.
Tu sei benedetta fra tutte le donne e benedetto è il frutto del Tuo seno Gesù.
   GESU' MUORE IN CROCE
Santa Maria madre di Dio prega per noi peccatori
Adesso e nell'ora della nostra morte amen.

Gloria al Padre e al Figlio e allo Spirito Santo
Come era nel Principio ora e sempre nei secoli
dei secoli amen.

GIACULATORIE
Eterno riposo dona loro o Signore e splenda ad essi
La luce perpetua, riposino in pace amen

O Gesù perdona le nostre colpe preservaci/salvaci dal fuoco dell'Inferno porta in cielo tutte le anime special- mente le più bisognose della Tua misericordia amen.

Regina della pace prega per noi.
GESU' COL TUO SANGUE PREIOSISSIMO HAI RISCATTATO IL MONDO.

SALVE REGINA

Salve regina , madre di misericordia
Vita dolcezza , speranza nostra salve.
A Te sospiriamo noi esuli figli di Eva, a Te sospiriamo
gementi e piangenti in questa valle di lacrime.
Orsù dunque avvocata nostra rivolgi a noi quegli occhi
 Tuoi misericordiosi, e mostraci dopo questo esilio
 il frutto benedetto del Tuo seno: Gesù.
O clemente o pia, o dolce vergine Maria.

LITANIE SPONTANEE

Signore pietà	Signore pietà
Cristo pietà	Cristo pietà
Signore pietà	Signore pietà
Cristo ascoltaci	Cristo ascoltaci
Cristo esaudiscici	Cristo esaudiscici
Padre del cielo che sei Dio	abbi pietà di noi
Spirito Santo che sei Dio	"
Santa Maria	Prega per noi
Santa madre di Dio	"
Santa vergine delle vergini	"
Madre addolorata	"
Madre deprivata del FIGLIO	"
Fonte di lacrime	"
O Gesù orante	"
O Gesù che ti offri al Padre	"
O Gesù che intercedi	"
O Gesù che speri	"

O Gesù che sudi nell'orto   "
O Gesù flagellato   prega per noi
O Gesù ferito   "
O Gesù oltraggiato   "
O Gesù deriso   "
O Gesù sofferente   "
O Gesù coronato di spine   "
O Gesù Re dei Giudei   "
O Gesù obbediente   "
O Gesù intelligente   "
O Gesù amante della società   "
O Gesù Salvatore   "
O Madre che segui tuo figlio e vi offrite per la nostra salvezza   "
O Maria S.S.   "
O Maria che salvi il mondo con la sofferenza   "
O Maria perla dei vergini   "
O Maria fonte della grazia   "
O Maria fonte della sapienza   "
O Gesù Verbo incarnato   "
O Gesù caricato dalla croce   prega per noi
O Gesù aiutato dal Cireneo   "
O Gesù che ci inviti al Tuo banchetto   "
O Gesù tenace nel dolore voluto per la salvezza dell'Umanità   "
O Gesù vincitore del mondo   "
O Gesù crocifisso   "
O Gesù che parli dalla croce   "
O Gesù che comandi dalla croce   "
O Gesù che sei Dio   "

O Gesù che conosci tutto   "
O Gesù che ci affidi tua madre   "
O Gesù fonte di misericordia   "
O Gesù Re dell'Universo   "
O Gesù che verrai a giudicare il mondo   "
O Gesù uno col Padre e con lo Spirito   "
Regina della pace e madre di Dio   "
Santa Maria donna amabile nei discorsi   "
Santa Maria intelligente nella parola   "
Santa Maria donna che attendi il peccatore   prega per noi
Santa Maria veloce nel comprendere   "
Santa Maria donna che attendi il peccatore   "
Santa Maria veloce nel comprendere   "
Santa Maria lieta nel cammino   "
Santa Maria avvocata dei peccatori   "
Santa Maria dolce da ascoltare nel canto   "
Santa Maria che attendi al servizio di Tuo figlio Gesù   "
Santa Maria che lieta parli di lui   "
Santa Maria che lieta parli di Lui   "
Santa Maria che ami Tuo figlio Gesù   "
Santa Maria che fosti ripiena di Spirito Santo
 nel cenacolo   "
Santa Maria forte al Calvario   "
Santa Maria degna di ogni lode al sepolcro   "
Santa Maria che inciti i discepoli all'attesa della
Resurrezione   "
Santa Maria che comunichi la volontà di Dio   "
Santa Maria che esegui la volontà di Dio   "
Santa Maria che accetti la volontà di Dio   "
Santa Maria che siedi alla volontà del Padre   "

Santa Maria avvocata dei poveri peccatori   "
Santa Maria corredentrice con Gesù alla salvezza
dell'Umanità   "
Santa Maria che accetti le scelte di Dio   "
AGNELLO DI DIO CHE TOGLI I PECCATI DEL MONDO
- ABBI PIETA' DI NOI

AGNELLO DI DIO CHE TOGLI I PECCATI DEL MONDO
-ABBI PIETA' DI NOI
AGNELLO DI DIO CHE TOGLI I PECCAATI DEL
MONDO
 -ASCOLTACI O SIGNORE
Prega per noi Santa Madre di Dio
-Perché siamo resi degni delle promesse di Cristo.

PREGHIAMO:
 O Dio che sei morto e risorto per noi aiutaci, noi ti
amiamo.
O Dio che sei vissuto e hai lavorato per il regno, noi ti
vogliamo per nostro Signore, disponi del nostro corpo
creato per la santificazione dello spirito a maggior gloria
del Tuo nome. Rigettiamo il male e vogliamo seguirti sulla
via da Te tracciata: sei Onnipotente.

CANTO ALLA TERZA POSTA O CORONA
TI SALUTO O CROCE SANTA
Ti saluto o croce santa, che portasti il redentor

Gloria , lode, onor ti canta ogni lingua ed ogni cuor.
    ritornello
Sei vessillo glorioso di Cristo, Sua vittoria e segno d'amor
Il suo sangue innocente fu visto come fiamma sgorgare dal
cuor.   ritornello
Tu nascesti tra le bracce amorose d'una vergine madre o
Gesù. Tu moristi tra le bracce pietose d'una croce che data
ti fu. ritornello
O Agnello divino immolato sulla croce crudele pietà,
T, che togli dal mondo il peccato salva l'uomo che pace non
ha. Ritornello.

Padre nostro che sei nei cieli sia santificato
Il Tuo nome. Venga il Tuo regno, si fatta la Tua
 volontà, come in cielo così in Terra.
Dacci oggi il nostro pane quotidiano, rimetti
a noi i nostri debiti come noi li rimettiamo ai nostri
debitori, e non ci indurre in tentazione ma liberaci
 dal male. Amen

Ave o Maria piena di grazia il Signore è con Te. Tu sei
benedetta fra le donne e benedetto è il frutto del tuo
 seno Gesù.
Santa Maria madre di Dio prega per noi peccatori
 adesso e nell'ora della nostra morte Amen.

Gloria al Padre e al Figlio e allo Spirito Santo come era nel
Principio ora e sempre nei secoli dei secoli AMEN.

(Padre, ave, Gloria per il Santo Padre e per l'acquisto delle sante indulgenze)

IV° POSTA O CORONA
Nel primo mistero della Gloria si contempla la resurrezione di Gesù.

Entrando nel sepolcro (le donne) videro un giovane seduto alla destra, vestito di una veste bianca, ed ebbero
paura. Ma egli disse loro: non abbiate paura. Voi cercate Gesù il Nazareno, il crocifisso, è risorto non qui.
Ecco il luogo dove l'avevano deposto.
.....Vi precede in Galilea.

MARCO   16, 5-6

RIFLESSIONE

IV° POSTA O CORONA
I° mistero della gloria
ABBIAMO UNA GANDE FEDE IN GESU'
Gesù è figlio di Dio.
Gesù è Dio, Gesù è la seconda persona della S.S. Trinità
Ed è degno di lode nei secoli dei secoli.
Egli risorge da morte crediamogli dunque e quando preghiamo ripetiamo spesso :<<O Gesù tu sei morto e
Risorto e per questo puoi aiutarci, ci affidiamo a Te.>>

Padre nostro che sei nei cieli sia santificato il Tuo nome, venga il tuo regno, sia fatta la Tua volontà come in cielo così in Terra.
Dacci oggi il nostro pane quotidiano, rimetti a noi i nostri debiti come noi li rimettiamo ai nostri debitori e non ci indurre in tentazione ma liberaci dal male. AMEN.

Ave Maria piena di grazia il Signore è con te
Tu sei benedetta fra tutte le donne e benedetto è il frutto del Tuo seno : Gesù.
   GESU' RISORGE DA MORTE
Santa Maria madre di Dio prega per noi peccatori
Adesso e nell'ora della nostra morte amen.

Gloria al Padre e al Figlio e allo Spirito Santo
Come era nel Principio ora e sempre nei secoli
dei secoli Amen.

   GIACULATORIE
Eterno riposo dona loro o Signore e splenda ad essi
La luce perpetua, riposino in pace AMEN.

O Gesù perdona le nostre colpe
Preservaci/salvaci dal fuoco dell'Inferno porta
 in cielo tutte le anime specialmente le più
 bisognose della Tua misericordia. Amen

REGINA DELLA PACE PREGA PER NOI
O Gesù illuminaci con la Tua gloria.

2 MISTERO GLORIOSO
Nel secondo mistero della Gloria si contempla l'ascensione
di Gesù.

Gesù avvicinatosi disse ai discepoli:
andate ed ammaestrate tutte le nazioni battez
zandole nel nome del Padre ,del Figlio e dello
 Spirito Santo.
Poi alzate le mani verso il cielo, li benedisse. Mentre li
benediceva, si staccò da loro e fu portato verso il cielo,
dove siede alla destra del Padre.
MATTEO   28, 18-19

Luca 24, 50-51

RIFLESSIONI

2° Mistero della gloria
O GESU' SPERANZA DOPO LA MORTE ABBI PIETA' DI
NOI

 Gesù ascende al cielo dopo la morte, egli che è
Superiore a qualunque creatura ci mostra nella
fede quello che deve accadere a ciascuno di noi
 dopo la morte
I Santi, i santi martiri l'hanno sperimentato su di sé
L'ascensione della loro anima è confermata e narrata.
Nella storia della Chiesa.
Anche la nostra anima dopo la morte ascenderà

Al cielo dove saremo giudicati sul bene e sul male
commesso.
La nostra anima ascenderà al cielo dandoci una speranza
dopo la morte dunque.

Padre nostro che sei nei cieli sia santificato il Tuo
 nome, venga il Tuo regno, sia fatta la Tua volontà,
 come in cielo così in Terra.
Dacci oggi il nostro pane quotidiano, rimetti a noi
i nostri debiti come noi li rimettiamo ai nostri
 debitori e non ci indurre in tentazione ma liberaci
 dal male AMEN.

Ave Maria piena di grazia il Signore è con Te.
Tu sei benedetta fra tutte le donne e benedetto è
Il frutto del Tuo seno Gesù
    GESU' ASCENDE AL CIELO
Santa Maria madre di Dio prega per noi peccatori
Adesso e nell'ora della nostra morte Amen

Gloria al Padre e al Figlio e allo Spirito Santo
come era nel Principio ora e sempre nei secoli
 dei secoli Amen.

GIACULATORIE
Eterno riposo dona loro o Signore e splenda ad
Essi la luce perpetua, riposino in pace amen.

O Gesù perdona le nostre colpe preservaci/salvaci

Dal fuoco dell'Inferno porta in cielo tutte le anime specialmente le più bisognose della Tua misericordia. Amen.

Regina della pace prega per noi

O GESU' ILLUMINACI CON LA TUA GLORIA

3° MISTERO DELLA GLORIA
Nel terzo mistero della Gloria si contempla la di
scesa dello Spirito Santo su Maria s.s., e gli apostoli congregati in orazione.

Mentre i giorni di Pentecoste stavano per finire , i discepoli si trovavano tutti insieme nello stesso luogo.
....Apparvero loro lingue come di fuoco che si dividevano e si posavano su ciascuno di loro , ed essi furono tutti pieni di Spirito Santo.

ATTI DEGLI APOSTOLI 2, 1-3-4

RIFLESSIONE

III° Misero della gloria
AMARE DIO PER I SUOI DONI CON TUTTO IL CUORE

Discende lo Spirito Santo su Maria S.S. e gli apostoli.

Essi ci annunciano di Gesù, grazie alla loro opera ci sono pervenute notizie sulla vita e sulle opere di Gesù, sul Suo ministero, i suoi attributi e chiarificano chi siamo .
Maria stessa essendo stata affidata da Gesù a Giovanni si fece con l'assunzione corredentrice con Gesù dando ragione alla nostra speranza, quando ci riuniamo, quando siamo nella preghiera.

Padre nostro che sei nei cieli sia santificato il Tuo nome, venga il Tuo regno, sia fatta la Tua volontà come in cielo così in Terra.
Dacci oggi il nostro pane quotidiano, rimetti a noi i nostri debiti come noi li rimettiamo ai nostri debitori e non ci indurre in tentazione ma liberaci dl male amen.

Ave Maria piena di grazia il Signore è con Te.
Tu sei benedetta fra tutte le donne e benedetto
è il frutto del Tuo seno Gesù.
DISCENDE LO SPIRITO SANTO
Santa Maria madre di Dio prega per noi peccatori
 adesso e nell'ora della nostra morte AMEN.

Gloria al Padre e al Figlio e allo Spirito Santo
Come era nel Principio ora e sempre nei secoli
dei secoli amen.

GIACULATORIE
Eterno riposo dona loro o Signore e splenda ad
Essi la luce perpetua, riposino in pace Amen

O Gesù perdona le nostre colpe preservaci/salvaci dal fuoco dell'Inferno porta in cielo tutte le anime specialmente le più bisognose della Tua misericordia.
Amen.

Regina della pace prega per noi

O GESU' ILLUMINACI CON LA TUA GLORIA

4° MISTERO DELLA GLORIA
Nel quarto mistero della Gloria si contempla l'assunzione di Maria s.s. al cielo in anima e corpo.

"l'Immacolata sempre vergine Maria, madre di Dio
Al termine della sua vita terrena venne assunta in anima e corpo alla gloria celeste.

Dal magistero infallibile della Chiesa

E per l'eternità ella ripete: <<Grandi cose ha fatto per me l'Onnipotente.>>
        LUCA 1,49

RIFLESSIONI

IV° Mistero della gloria
FILIALE DEVOZIONE IN MARIA S.S.

Maria è nostra madre ,questa è una delle ultime volontà

di Gesù ,prima di rendere il Suo spirito al Padre.
Una madre spirituale va rispettata, amata, ascoltata,
pregata, riconosciuta come regina e avvocata dei peccatori.
Riconosciamoci dunque peccatori come i nostri fratelli
E facciamo questa offerta a Maria s.s. assunta in cielo in
anima e corpo.

Padre nostro che sei nei cieli sia santificato il Tuo
Nome, venga il Tuo regno sia fatta la Tua volontà
 come in cielo così in Terra.
Dacci oggi il nostro pane quotidiano, rimetti a noi i
 nostri debiti come noi li rimettiamo ai nostri
debitori e non ci indurre in tentazione ma
 liberaci dal male Amen.

Ave Maria piena di grazia il Signore è con Te.
Tu sei benedetta fra tutte le donne e benedetto è
Il frutto del Tuo seno Gesù
LA SANTA VERGINE E' ASSUNTA IN ANIMA E CORPO
AL CIELO
Santa Maria madre di Dio prega per noi peccatori adesso e
nell'ora della nostra morte amen.

Gloria al Padre e al Figlio e allo Spirito Santo
Come era nel Principio, ora e sempre nei secoli
dei secoli amen.
         GIACULATORIE
Eterno riposo dona loro o Signore e splenda
Ad essi la luce perpetua, riposino in pace Amen.

O Gesù perdona le nostre colpe preservaci/salvaci
Dal fuoco dell'Inferno porta in cielo tutte le anime
specialmente le più bisognose della Tua misericordia.
Amen.

Regina della pace prega per noi
O GESU' ILLUMINACI CON LA TUA GLORIA

5°Mistero della gloria o glorioso
Nel quinto mistero della Gloria si contempla l'in-
coronazione di Maria Regina del cielo e della Terra
E fu fatta avvocata dei poveri peccatori.

Nel cielo apparve un segno grandioso una donna vestita di Sole con la Luna sotto i piedi e sul capo
 una corona di dodici stelle.

APOCALISSE 12,1

 RIFLESSIONI

V° Mistero glorioso
PERSEVERANZA NEL BENE
Essere certi che c'è un Padre, un Figlio e uno Spirito
Santo che ci amano è un incentivo al bene. Ma la
perseveranza ci porta al bene proprio quando siamo
tentati dal male o stiamo per cadere, allora una parola
buona, un attimo d'attenzione può evitare il peggio,
rimanendo nella certezza, poi che quando tutto è
Perduto ai nostri occhi,Dio ha una risoluzione e ciò è

un incentivo ad amare il bene ancor di più, ossia a
 perseverare nel bene sicuri di riuscire ed ottenere.

Padre nostro che sei nei cieli sia santificato
Il Tuo nome, venga il Tuo regno,
 sia fatta la Tua volontà,
 come in cielo così in Terra.
Dacci oggi il nostro pane quotidiano, rimetti
a noi i nostri debiti come noi li rimettiamo
 ai nostri debitori e non ci indurre in tentazione
 ma liberaci dal male. Amen.

Ave Maria piena di grazia il Signore è con Te
Tu sei benedetta fra tutte le donne e benedetto è il
Frutto del Tuo seno Gesù.
  MARIA S.S. E' INCORONATA REGINA DEL CIELO E
DELLA
TERRA E FATTA AVVOCATA DEI POVERI PECCATORI
Santa Maria madre di Dio prega per noi peccatori
Adesso e nell'ora della nostra morte Amen.

Gloria al Padre e al Figlio e allo Spirito Santo
Come era nel Principio, ora e sempre nei secoli dei
Secoli AMEN
  GIACULATORIE
Eterno riposo dona loro o Signore e splenda ad
Essi la luce perpetua, riposino in pace amen

O Gesù perdona le nostre colpe preservaci/
Salvaci dal fuoco dell'Inferno,porta in cielo tutte
le anime specialmente le più biognose della Tua
misericordia. AMEN

 Regina della pace prega per noi
O GESU' ILLUMINACI CON LA TUA GLORIA

SALVE REGINA

Salve regina madre di misericordia vita dolcezza
Speranza nostra salve.
A te ricorriamo noi esuli figli di Eva, a te sospiriamo
Gementi e piangenti in questa valle di lacrime.
Orsù dunque avvocata nostra volgi a noi quegli occhi
Tuoi misericordiosi e mostraci dopo questo esilio
 il frutto del seno tuo seno: Gesù.
O clemente, o pia, o dolce vergine Maria.

LITANIE SPONTANEE

Signore pietà	Signore pietà
Cristo pietà	Cristo pietà
Signore pietà	Signore pietà.
Cristo ascoltaci	Cristo ascoltaci
Cristi esaudiscici	Cristo esaudiscici
Padre del cielo che sei Dio	abbi pietà di noi
Santa Maria	Prega per noi
Santa madre di Dio	"
Santa Maria donna esemplare	"

Santa Maria donna sofferente   "

Santa Maria donna orante   "

Santa Maria regina eccelsa   "

Santa Maria avvocata   "

Santa Maria donna obbediente al Figlio   "

Santa Maria sofferente alla croce   "

Santa Maria corredentrice col Figlio delle famiglie "

Santa donna del Calvario   Prega per noi

Santa Maria tempio del Dio vivente   "

Santa Maria donna del Cenacolo   "

Santa Maria donna che attendi   "

Santa Maria donna che ascolti   "

Santa Maria donna che guidi   "

Santa Maria donna che benedici   "

Santa Maria donna che preghi Dio per l'uomo   "

Santa Maria donna che intercedi   "

Santa Maria donna che ammaestri   "

Santa Maria donna semplice   "

Santa Maria donna religiosa   "

Santa Maria dottore della Chiesa   "

Santa Maria donna che guarisci   "

Santa Maria donna che consoli   "

Santa Maria donna che doni   "

Santa Maria sede della sapienza   "

Santa Maria madre del Dio vivente   "

Santa Maria che trepidi per l'ascensione del Figlio
Tuo divino   prega per noi

Santa Maria che attendi l'ascensione di Gesù   "

Santa Maria che comprendi il Tuo Figlio Gesù   "

Santa Maria che attendi nel cenacolo la discesa dello
Spirito Santo   "
Santa Maria regina del cielo e della Terra   "
Santa Maria avvocata della Chiesa   "
Santa Maria che intercedi per i peccatori   "
Santa Maria che ci inviti al Tuo banchetto   "
Santa Maria che concedi grazie   "
Santa Maria che preghi con la chiesa   "
Santa Maria che illumini   "
Santa Maria che inviti a lavorare   "
Madre del Salvatore   "
Madre del redentore   "
Madre del Dio vivente   "
Casta sposa di San Giuseppe   "
Sposa dello Spirito Santo   "
Regina di ogni uomo   prega per noi
Santa Maria donna timorata di Dio   "
Santa Maria donna fedele   "
Santa Maria donna verace   "
Santa Maria ripiena di ogni virtù   "
Santa Maria che chiami   "
Santa Maria donna ricca di doni   "
Santa Maria che dai vita in abbondanza   "
Santa Maria donna che infondi la grazia   "
Santa Maria fonte di Perdono   "
Santa Maria obbediente nel dolore   "
AGNELLO DI DIO CHE TOGLI I PECCATI DEL MONDO
  -ABBI PIETA' DI NOI
AGNELLO DI DIO CHE TOGLI I PECCATI DEL MONDO
-ABBI PIETA' DI NOI

AGNELLO DI DIO CHE TOGLI I PECCATI DEL MONDO
-ESAUDISCICI O SOGNORE
Prega per noi Santa madre di Dio
-affinchè siamo fatti degni delle promesse di Cristo.
PREGHIAMO :O Dio che ti sei degnato di rallegrare il
mondo con la Tua Gloriosa Resurrezione donaci anche
l'amore alle Tue leggi e al Tuo volere, per seguirti per le
strade del mondo.

Padre nostro che sei nei cieli, sia santificato
Il Tuo nome, venga il Tuo regno, sia fatta la
Tua volontà come in cielo così in Terra.
Dacci oggi il nostro pane quotidiano, rimetti a noi i
nostri debiti come noi li rimettiamo ai nostri debitori
e non ci indurre in tentazione ma liberaci dal male.amen

Ave Maria piena di grazia il Signore è con Te
Tu sei benedetta fra le donne e benedetto è il frutto
 del Tuo seno Gesù.
Santa Maria madre di Dio prega per noi peccatori adesso
E nell'ora della nostra morte amen.

Gloria al Padre e al Figlio e allo Spirito Santo come era nel
Principio ora e sempre amen. (Padre, ave , gloria per il
Santo Padre e per l'acquisto delle sante indulgenze.)

CANTO ALLA IV° Posta o corona

DELL'AURORA
Dell'aurora Tu sorgi più bella
Coi Tuoi raggi a far lieta la Terra
E fra gli astri che il cielo rinserra
Non v'è stella più bella di Te.
Rit.
Bella Tu sei qual sole
Bianca più della Luna
E le stelle le più belle
Non son belle al par di Te.
Rit.
T'incoronano dodici stelle
Ai Tuoi piè piegan l'ali del vento
Della Luna s'incurva l'argento
Il Tuo manto ha il colore del ciel .
Delle perle Tu passi l'incanto
La bellezza Tu vinci dei fior
Tu dell'iride ecclissi i bagliori ..IL tuo viso rapisce il Signor.

V° POSTA O CORONA
Nel primo mistero della strada o della via si contempla
Come Gesù ci chiama.

Non è giusto che noi trascuriamo la parola
di Dio per il servizio delle mense. Cercate sette
uomini pieni di Spirito e di saggezza ai quali
 affideremo questo incarico. Elessero Stefano.

Intanto Stefano, pieno di prodigi e di miracoli tra il
popolo,sorsero alcuni a disputare con Stefano, ma
 non riuscivano a resistere alla sapienza inspirata
con cui egli parlava.

ATTI DEGLI APOSTOLI 6,1-10

V°POSTA O CORONA
I°Mistero della strada o della via
GRAZIE DELLA TUA CHIAMATA

Il Signore ci chiama, dobbiamo ascoltarlo e ringraziarlo.
Chi ringrazia ottiene nuove grazie.
Apriamo il nostro cuore, i nostri affetti a Dio, egli saprà
riempire con la Sua grazia il nostro essere, saremo uomini
e donne, bambini, ragazzi, icone dell'amore di Dio, nel Suo
piano di salvezza che Egli ha per ciascuno di noi.

Padre nostro che sei nei cieli sia santificato
Il Tuo nome, venga il Tuo regno, sia fatta la Tua
Volontà, come in cielo così in Terra.
Dacci oggi il nostro pane quotidiano, rimetti a noi
 i nostri debiti come noi li rimettiamo ai nostri debitori
 e non ci indurre in tentazione ma liberaci dal male
Amen.

Ave Maria piena di grazia il Signore è con Te.
Tu sei benedetta fra tutte le donne e benedetto è
 il frutto del Tuo seno Gesù.
GESU' CI CHIAMA

Santa Maria madre di Dio prega per noi peccatori
adesso e nell'ora della nostra morte amen.

Gloria al Padre ed al Figlio e allo Spirito Santo
Come era nel Principio ora e sempre nei secoli
dei secoli amen.

GIACULATORIE
Eterno riposo dona loro o Signore e splenda ad essi
La luce perpetua, riposino in pace Amen. .

O Gesù perdona le nostre colpe preservaci/salvaci
Dal fuoco dell'Inferno porta in cielo tutte le anime
Specialmente le più bisognose della Tua misericordia.
Amen.

Regina della Pace prega per noi.
O MARIA GUIDACI A DIO E RIDONACI LA GRAZIA.

2° Mistero della via
Nel secondo mistero della strada o della via si contempla
come Gesù istituisce la Chiesa.

.....In realtà sto rendendomi conto che Dio non fa
Preferenze di persone ma chi lo teme e pratica la giustizia
A qualunque popolo appartenga è a Lui accetto.
E ci ha annunciato che egli è il giudice dei vivi e dei morti
costituito da Dio.

Tutti i profeti gli rendono questa testimonianza: chiunque
crede in Lui ottiene laa remissione dei peccati per mezzo
del Suo nome.

ATTI DEGLI APOSTOLI 10,34-43

RIFLESSIONI (ALLA PAGINA SEGUENTE)

II° Mistero della strada o della via
OBBEDIENZA ALLE LEGGI DI DIO

Chi crede in Dio è anche obbediente alle sue leggi, leggi
della Chiesa, quindi obbedienza alla Chiesa da lui istituita.
E' un credere in Dio, in Gesù applicando nelle opere e nelle
azioni il nostro vivere da figli di Dio,essendone così degni,
senza invidiare gli altri, gli ultimi ,i poveri, perché di essi è
il regno dei cieli.
Dio è il padrone della messe e da' a ciascuno un posto.

Padre nostro che sei nei cieli sia santificato il Tuo
Nome, venga il Tuo regno ,sia fatta la Tua volontà
Come in cielo così in Terra.
Dacci oggi il nostro pane quotidiano,
 rimetti a noi i nostri debiti come noi
 li rimettiamo ai nostri debitori e non
 ci indurre in tentazione ma liberaci dal male.
Amen

Ave Maria piena di grazia il Signore è con Te

Tu sei benedetta fra tutte le donne e benedetto è il
Frutto del Tuo seno Gesù.
GESU' ISTITUISCE LA CHIESA
Santa Maria madre di Dio prega per noi peccatori
Adesso e nell'ora della nostra morte .Amen.

Gloria al Padre e al figlio e allo Spirito Santo ,
 come era nel Principio ora e sempre nei secoli
 dei secoli Amen.

 GIACULATORIE
Eterno riposo dona loro o Signore e splenda
Ad essi la luce perpetua, riposino in pace amen.

O Gesù perdona le nostre colpe preservaci/salvaci
dal fuoco dell'Inferno ,porta in cielo tutte le anime
specialmente le più bisognose della Tua misericordia.
Amen.

Regina della pace prega per noi
O MARIA GUIDACI A DIO E RIDONACI LA GRAZIA.

3° MISTERO DELLA VIA
Nel terzo mistero della strada o della via si contempla
come Gesù e Maria nella gloria dello Spirito Santo e
Del Padre inviano il dono (Discende lo Spirito Santo)

All'udire tutto questo si sentirono trafiggere il cuore
E dissero a Pietro e agli apostoli: Che dobbiamo fare
fratelli?

E Pietro disse : Pentitevi e ciascuno si faccia battezzare nel nome del Padre, del Figlio e dello Spirito Santo.
Per voi infatti è la promessa e per i vostri figli e per tutti quelli che sono lontani, uanti ne chiamerà il Signore Dio nostro.
ATTI DEGLI APOSTOLI 2,37-49

RIFLESSIONI   (ALLA PAGINA SEGUENTE)

III° Mistero della strada o della via o della vita
SPIRITO DI RINGRAZIAMENTO E DI AMORE VERSO DIO
E DISTACCO DAL MALE.

Queste tre cose sono essenziali per ricevere bene lo Spirito Santo,con il Suo dono promesso:
(Dio mantiene le Sue promesse.)
1)ringraziamolo per il bene della vita,
2)amiamolo per quello che Lui è:Uno e trino
3) allontaniamoci dal male sempre e per sempre

Padre nostro che sei nei cieli sia santificato il
Tuo nome, venga il Tuo regno, sia fatta la Tua volontà
Come in cielo così in Terra.
Dacci oggi il nostro pane quotidiano, rimetti a noi
I nostri debiti come noi li rimettiamo ai nostri debitori
E non ci indurre in tentazione, ma liberaci dal male.
Amen.

Ave Maria piena di grazia il Signore è con Te
Tu sei benedetta fra tutte le donne e benedetto è il
Frutto del Tuo seno Gesù.
GESU'INVIA IL DONO (discende lo Spirito Santo)
Santa Maria madre di Dio prega per noi peccatori
Adesso e nell'ora della nostra morte amen.

Gloria al Padre e al Figlio e allo Spirito Santo
Come era nel Principio ora e sempre nei secoli dei
Secoli Amen

GIACULATORIE
Eterno riposo dona loro o Signore e splenda ad
Essi la luce perpetua, riposino in pace Amen.

O Gesù perdona le nostre colpe preservaci/salvaci dal
fuoco dell'Inferno porta in cielo tutte le anime
specialmente le più bisognose della Tua misericordia.
 Amen

Regina della pace prega per noi.
O MARIA GUIDACI A DIO E RIDONACI LA GRAZIA.

4° MISTERO DELLA VIA O DELLA VITA
Nel quarto mistero della strada o della vita si contempla
come Dio nei travagli della vita ci aiuta.

.....Fratelli voi sapete che già da molto tempo Dio ha fatto
una scelta tra voi, perché i pagani ascoltassero per bocc

mia la parola del vangelo e venissero alla Fede. E Dio che conosce i cuori ha reso testimonianza in loro favore Concedendo anche a loro lo Spirito Santo, come a noi, non ha fatto nessuna discriminazione tra noi e loro, purificandone i cuori con la fede, or dunque perché continuate a tentare Dio imponendo sul collo dei discepoli un giogo che ne i nostri padri ne noi siamo in grado di portare? Noi crediamo che per la grazia del Signore Gesù Siamo salvati e nello stesso modo anche loro.

IV° Mistero della strada o della vita
DIO E' GIUSTO E NON FA PREFERENZE DI PERSONE

Dio è giusto e non fa preferenze di persone, dobbiamo esserne sicuri e amarlo ed adorarlo per quello che Lui è.
Egli cerca tali adoratori, siamo certi che saremo apprezzati per ogni nostra azione.
Dio è generoso ed accettiamo quindi Dio in tutte le creature per evitare un richiamo da parte del Signore come Caino e ledere alla Sua maestà(DIO).

Padre nostro che sei nei cieli, sia santificato
Il Tuo nome, venga il Tuo regno, sia fatta la Tua
Volontà come in cielo così in Terra.
Dacci oggi il nostro pane quotidiano, rimetti a noi i nostri debiti e non ci indurre in tentazione ma liberaci dal male. Amen.

Ave Maria piena di grazia il Signore è con Te
Tu sei benedetta fra tutte le donne e benedetto è il

Frutto del Tuo seno Gesù.
DIO NEI TRAVAGLI DELLA VITA CI AIUTA ALLO
STESSO MODO
Santa Maria madre di Dio prega per noi
peccatori adesso e nell'ora della nostra morte.
 Amen.

Gloria al Padre e al Figlio e allo Spirito Santo
Come era nel Principio ora e sempre nei secoli
dei secoli Amen.

GIACULATORIE
Eterno riposo dona loro o Signore e splenda ad
essi la luce perpetua, riposino in pace Amen.

O Gesù perdona le nostre colpe preservaci/salvaci
Dal fuoco dell'Inferno porta in cielo tutte le anime
specialmente le più bisognose della Tua miscricordia.
Amen.

Regina della pace prega per noi.
O MARIA GUIDACI A DIO E RIDONACI LA GRAZIA.

V° Mistero della strada o della vita

Nel quinto mistero della strada o della vita si contempla
Come Dio secondo il Suo piano salvifico ci ridona la Grazia
e con essa il Giudizio .

Maria e Gesù nella gloria del Padre e dello Spirito Santo ci riportano al rimario amore: atto creativo, assicurandoci vittoria sul peccato e perfetto dominio dei sensi ,benefici personali e collettivi facendo di noi dei coronati.

Egli disse quando voi pregate, dite:
Padre sia santificato il Tuo nome, venga il Tuo regno,daacci oggi il nostro pane quotidiano e perdonaci i nostri peccati, perché anche noi perdoniamo ad ogni nostro debitore, e non ci indurre in tentazione m liberaci dal male amen.
LUCA 11,9-13 OPPURE 11,1-4 OPPURE 11,5-8
RIFLESSIONE

V° Mistero della strada o della vita
CHIAEDIAMO A DIO E RINGRAZIAMOLO

Dio è fonte di ogni bene, egli lo riversa su tutte le creature perché egli è amore, occorrono però alcune cose:chiedere e ringraziare , ciò nonostante egli può fare tutto ciò che vuole.
Dio può dare gratuitamente senza chiedere nulla in cambio.
Amiamo Dio per quello che Lui è, e ci da' ogni giorno, Lui è divina provvidenza.

Padre nostro che sei nei cieli ,
 sia santificato il Tuo nome,
venga il Tuo regno, sia fatta la Tua volontà
 come in cielo così in Terra.
Dacci oggi il nostro pane quotidiano, rimetti a
 noi i nostri debiti e non ci indurre in tentazione
 ma liberaci dal male.
Amen.

Ave Maria piena di grazia il Signore è con Te.
Tu sei benedetta fra tutte le donne e benedetto
è il frutto del Tuo seno Gesù .
   DIO CI RIDONA LA GRAZIA E CON ESSA IL GIUDIZIO
Santa Maria madre di Dio prega per noi peccatori
 Adesso e nell'ora della nostra morte .
Amen.

Gloria al Padre e al Figlio e allo Spirito Santo
Come era nel Principio ora e sempre nei secoli
 dei secoli Amen.

GIACULATORIE

Eterno riposo dona loro o Signore e splenda ad
Essi luce perpetua, riposino in pace amen.

Gesù perdona le nostre colpe preservaci/salvaci dal fuoco
dell'Inferno porta in cielo tutte le anime specialmente le
più bisognose della Tua misericordia. Amen.

REGINA DELLA PACE PREGA PER NOI.

O Maria guidaci a Dio e ridonaci la grazia

SALVE REGINA

Salve regina madre di misericordia, vita
Dolcezza speranza nostra salve.
A Te ricorriamo noi esuli figli di Eva, a Te sospiriamo
gementi e piangenti in questa valle di lacrime.
Orsù dunque avvocata nostra rivolgi a noi quegli occhi
Tuoi
Misericordiosi, e mostraci dopo questo esilio il frutto
benedetto del seno Tuo Gesù.
O Clemente, o Pia, o dolce vergine Maria.

LITANIE SPONTANEE

Signore pietà	Signore pietà
Cristo pietà	Cristo pietà
Signore Pietà	Signore pietà
Cristo ascoltaci	Cristo ascoltaci
Cristo esaudiscici	Cristo esaudiscici
O Padre celeste	Abbi pietà di noi
O Dio figlio redentore del mondo	"
O Dio Spirito Santo	"
Santa Trinità che sei Dio	"
Padre d'amore	"
Padre d'ogni uomo	"

Padre ascoltaci   "

Padre perdonaci   "

Padre dacci da bere   "

Padre dacci la speranza   "

Padre dacci la felicità   "

Padre noi ti amiamo

Padre noi ti cerchiamo   "

Padre delizia dei cuori   prega per noi

Padre fonte d'ogni bene   "

Padre fonte inesauribile   "

S. Maria protettrice delle ambasciate   "

S. Maria gloria del mondo   "

Santa Maria regina dell'uomo   "

S. Maria protettrice   "

S. Maria gioia del mondo   "

S. Maria regina della natura   "

S. Maria donna sofferente   "

S. Maria donna orantc   "

S. Maria donna divina   "

S. Maria donna benemerita   "

S. Maria donna giustiziera   "

S. Maria donna seria   "

S. Maria donna che non sbagli   "

S. Maria donna che vinci la perversione   "

S. Maria donna che nutri la gente   "

S. Maria che disseti l'Umanità   "

Santa Maria donna saggia   "

S. Maria donna che conosci il nostro bene   "

 S. Maria carità perfetta   "

S. Maria buona   "

S. Maria Madre del Salvatore   "

S. Maria che salvi   "

S. Maria che doni   "

S. Maria che ascolti   "

S. Maria che ti affidi a Dio   "

S. Maria che combatti   "

S. Maria che intercedi   "

S. M aria che tutto puoi   "

S. Maria trono di Dio   "

S. Maria trono di Davide   "

S. Maria madre dell'Emmanuele   "

S. Maria regina eccelsa   "

S. Maria avvocata dei poveri peccatori   "

S. Maria giardino fiorito   "

S. Maria che attendi nel giardino   "

S. Maria che ci inviti a lavorare   "

S. Maria gloria degli angeli   "

S. Maria regina della pace   "

S. Maria che risolvi   "

S. Maria   "

Padre aiutaci   "

Padre sfamaci   "

Padre noi ti ascoltiamo   "

Padre attiraci a Te   "

Padre rendici giustizia   "

S. Maria sposa della s.s. Trinità   "

S. Maria sposa vergine   "

S. Maria sposa del casto s. Giuseppe   "

S. Maria madre dell'Umanità   "

s. Maria madre   "

S. M aria avvocata dei poveri peccatori   "
AGNELLO DI DIO CHE TOGLI I PECCATI DEL MONDO
  SALVACI
AGNELO DI DIO CHE TOGLI I PECCATI DEL MONDO
-GUIDACI
AGNELLO DI DIO CHE TOGLI I PECCATI DEL MONDO
  -SANTIFICACI (dona a noi la pace)
Illuminaci o Maria e donaci Gesù
-Affinche ascoltiamo la vostra voce
O Cristo redentore del mondo

PREGHIAMO
O Trinità santa e benedetta dall'uomo e dalla natura ,
indicaci la via che porta alla salvezza e donaci i luminari
necessari, donaci umiltà e pazienza, donaci amore e pace,
donaci giustizia e verità: crediamo in Te, amiamo Te,
cerchiamo Te, o Dio fonte dell'Amore.

Canto alla V° POSTA
LODATE DIO (O A SCELTA)
RIT.
Lodate Dio, schiere beate del cielo
Lodate Dio, genti di tutta la Terra
Cantate a Lui che l'Universo creò
Con somma sapienza e splendore
RIT.
Lodate Dio, Padre che dona ogni bene
Lodate Dio , ricco di grazia e perdono,
cantate a Lui, che tanto gli uomini amò
da dare il suo unico Figlio.

Rit.
Lodate Dio, uno e Trino Signore,
Lodate Dio, meta e premio dei buoni,
cantate a Lui, sorgente di ogni bontà
per tutti i secoli AMEN.

Padre nostro che sei nei cieli sia santificato
 il Tuo nome, venga il Tuo regno, sia fatta la
 Tua volontà, come in Cielo così in Terra.
Dacci oggi il nostro pane quotidiano
Rimetti noi i nostri debiti come noi li rimettiamo
 ai nostri debitori, e non ci indurre in tentazione
 ma liberaci dal male amen.

Ave Maria piena di grazia il Signore è con Te
Tu sei benedetta fra tutte le donne e benedetto
 è il frutto del Tuo seno : Gesù.
Santa Maria madre di Dio prega per noi peccatori
Adesso e nell'ora della nostra morte Amen.

Gloria al Padre e al Figlio e allo Spirito Santo
Come era nel Principio ora e sempre nei secoli
 dei secoli amen.(Padre , ave, gloria per il santo Padre e per
 l'acquisto delle sante indulgenze)

VI° POSTA O CORONA ECATOLOGICA
I° MISTERO
Nel primo mistero escatologico si contempla Gesù nel
giudizio Universale.

Che poi risorgano i morti, lo ha indicato anche Mosè a proposito del roveto ardente, quando dice: Il Signore è il Dio di Abramo, di Isacco e Dio di Giacobbe, Dio non è dei morti ma dei viventi, affinchè tutti vivano per Lui.

LUCA 37-38

RIFLESSIONE

I° Mistero del compimento escatologico
PREGHIAMO PER LA NOSTRA SALVEZZA E DISTACCHIAMOCIDALLE COSE DEL MONDO

La nostra morte è certa,di poi saremo giudicati sul bene e sul male compiuto.
Prepariamoci durante la nostra esistenza a questo. Gesù sarà il nostro giusto giudice, lento all'ira e pieno di misericordia.

Padre nostro che sei nei cieli si santificato il Tuo nome, venga il Tuo regno, sia fatta la Tua volontà come in cielo così in Terra.
Dacci oggi il nostro pane quotidiano, rimetti a noi i nostri debiti come noi li rimettiamo ai nostri debitori e non ci indurre in tentazione ma liberaci dal male amen.

Ave Maria piena di grazia il Signore è con Te.
Tu sei benedetta fra tutte le donne e benedetto
è il frutto del Tuo seno Gesù.
IL GIUDIZIO PARTICOLARE

Santa Maria madre di Dio prega per noi peccatori
adesso e nell'ora della nostra morte amen.

Gloria al Padre e al Figlio e allo Spirito Santo
 come era nel Principio ora e sempre nei secoli
 dei secoli amen.

 GIACULATORIE
Eterno riposo dona loro o Signore
E splenda ad essi la luce perpetua
Riposino in pace amen.

O Gesù perdona le nostre colpe
Preservaci/salvaci dal fuoco dell'Inferno
Porta in cielo le più bisognose della Tua
Misericordia amen.

Regina della pace prega per noi

Salvaci Gesù dalla morte eterna.

Secondo mistero

Nel secondo mistero del compimento escatologico
Si contempla il ritorno di Gesù Cristo nella Gloria.

....Vi saranno segni nel sole, nella Luna, nelle stelle, e sulla
Terra una angoscia di popoli in ansia per il fragore del
mare e dei flutti, mentre gli uomini moriranno per la

paura e per l'attesa di ciò che dovrà accadere sulla Terra.
Le potenze dei cieli saranno sconvolte. Allora vedranno il
Figlio dell'uomo venire su una nube con grande potenza e
gloria.....

Luca 25-27

RIFLESSIONE   (ALLA PAGINA SEGUENTE)

II° MISTERO DEL COMPIMENTO O ESCATOLOGICO

VIENI SIGNORE GESU' CRISTO

La venuta di Gesù è certa lo dice il Vangelo.
Crediamolo fermamente e viviamo in vista di quanto deve
accadere con amore, con gioia, e non dimentichiamoci che
egli ci ha lasciati soli, ci ha donato l'Eucarestia.
Adoriamolo e cibiamoci di questo pane celestiale .

Padre nostro che sei nei cieli, sia santificato il Tuo
nome venga il Tuo regno, sia fatta la Tua volontà
 come in cielo così in Terra.
Dacci oggi il nostro pane quotidiano rimetti a noi
 i nostri debiti e non ci indurre in tentazione ma
liberaci dal male AMEN.

Ave Maria piena di grazia il Signore è con Te.
T u sei benedetta fra tutte le donne e benedetto
è il frutto del Tuo seno Gesù.
RITORNO DI GESU'

Santa Maria madre di Dio prega
per noi peccatori adesso e nell'ora
della nostra morte amen.

Gloria al Padre e al Figlio e allo Spirito Santo
Come era nel principio ora e sempre nei secoli
Dei secoli amen

GIACULATORIE
Eterno riposo dona loro o Signore e
Splenda ad esse la luce perpetua
Riposino in pace AMEN.

O Gesù perdona le nostre colpe preservaci
Dal fuoco dell'Inferno porta in cielo tutte le anime
Specialmente le più bisognose della Tua misericordia
AMEN.

 Regina della pace prega per noi.

Illuminaci con la Tua gloria o divino Re.

TERZO MISTERO DEL COMPIMENTO O
TERZO MISTERO ESCATOLOGICO
Nel terzo mistero del compimento escatologico si
contempla il Giudizio Universale.

Subito dopo la tribolazione di quei giorni, il Sole si
oscurerà, la Luna non darà più la sua luce , le Stelle
cadranno dal cielo, e le potenze dei cieli saranno

sconvolte.
Allora apparirà in cielo il segno del Figlio dell'uomo e si batteranno il petto tutte le tribù della Terra, e vedranno il Figlio dell'uomo venire sulle nubi del cielo con grande potenza e gloria.
MATTEO 29-30
RIFLESSIONE

III° Mistero del compimento escatologico

O GESU' REGNA NEI NOSTRI CUORI

Il giudizio universale avverrà quando il Padre deciderà.
Allora saremo giudicati, i buoni verranno separati dai malvagi.
I buoni avranno la vita eterna mentre i malvagi andranno nel fuoco eterno.

Padre nostro che sei nei cieli,
sia santificato il Tuo nome,
venga il Tuo regno, sia fatta la Tua Volontà
come in cielo così in Terra.
Dacci oggi il nostro pane quotidiano
Rimetti a noi i nostri debiti e non ci indurre
In tentazione ma liberaci dal male AMEN.

Ave Maria piena di grazia, il Signore è con Te.
Tu sei benedetta fra tutte le donne e
Benedetto è il frutto del Tuo seno Gesù.

GIUDIZIO UNIVERSALE
Santa Maria madre di Dio prega per noi peccatori
Adesso e nell'ora della nostra morte Amen.

Gloria al Padre e al Figlio e allo Spirito
Santo come era nel Principio ora e sempre nei secoli
 dei secoli amen.

GIACULATORIE

Eterno riposo dona loro o Signore e splenda ad essi
 la luce perpetua riposino in pace AMEN.

O Gesù perdona le nostre colpe, salvaci/preservaci
dal fuoco dell'Inferno, porta in cielo tutte le anime
specialmente le più bisognose della Tua misericordia.
Amen.

Regina della pace prega per noi.

Regna su di noi Cristo Gesù.

IV° MISTERO DEL COMPIMENTO ESCATOLOGICO

Nel quarto mistero del compimento i contempla l'incontro
con Gesù.

Quando il Figlio dell'uomo verrà nella Sua gloria
E tutti gli angeli con Lui, siederà sul trono della Sua gloria.

Davanti a Lui verranno radunati tutti i popoli. Egli
separerà gli uni dagli altri, come il pastore separa le pecore
dalle capre, e porrà le pecore alla Sua destra e le capre alla
Sua
sinistra.
.....In verità io vi dico che tutto quello che non avete fatto a
uno solo di questi piccoli non l'avete fatto a me.
E se ne andranno questi al giudizio eterno, i giusti invece
alla vita eterna.

MATTEO 31-46
RIFLESSIONE

IV° MISTERO DEL COMPIMENTO ESCATOLOGICO

SEI LA NOSTRA GIOIA GESU'
L'incontro con Gesù sarà definitivo e i giusti avranno la
vita eterna.
Gesù ci ricompenserà. Il suo dono è gratuito, Egli ci ama
per primi e la nostra gioia sarà piena al nostro incontro col
Re dei RE: Gesù Cristo.

Padre nostro che sei nei cieli sia santificato il Tuo
Nome, venga il Tuo regno, sia fatta la Tua Volontà
Come in cielo così in Terra.
Dacci oggi il nostro pane quotidiano, rimetti a noi i
Nostri debiti come noi li rimettiamo ai nostri debitori
E non ci indurre in tentazione ma liberaci dal male. Amen.

Ave Maria piena di grazia il Signore è con Te

Tu sei benedetta fra tutte le donne e benedetto è
 il frutto del Tuo seno Gesù.
INCONTRO DI GESU'
Santa Maria madre di Dio, prega per noi peccatori
Adesso e nell'ora della nostra morte amen.

Gloria al Padre e al Figlio e allo Spirito Santo
Come era nel Principio , ora e sempre nei secoli
Dei secoli AMEN.

 GIACULATORIE
Eterno riposo dona loro o Signore e splenda
ad essi la luce perpetua riposino in pace amen.

O Gesù perdona le nostre colpe, preservaci/salvaci
dal fuoco dell'Inferno, porta in cielo tutte le anime
specialmente le più bisognose della Tua misericordia
Amen.

Regina della pace prega per noi.
Governaci Gesù con la Tua pace.

V° MISTERO DEL COMPIMENTO O ESCATOLOGICO
Nel quinto mistero del compimento si contemplano
le nozze eterne di Gesù con la Sua Chiesa.

E non vi sarà più maledizione. Nella città vi sarà il trono di
Dio e dell'Agnello : I suoi servi l'adoreranno, vedranno il
suo volto e porteranno il Suo nome sulla fronte.

Non vi sarà più notte, e non avranno più bisogno di luce di lampada, né di luce di sole, perché il Signore Dio li illuminerà.
E regneranno nei secoli dei secoli.

APOCALISSE 22, 3-5
RIFLESSIONE

V° mistero del compimento escatologico
ALLELUIA A CRISTO SIGNORE

Le nozze eterne tra Gesù e la Sua Chiesa sono il compimento della storia della salvezza.
I Giusti regneranno con Cristo e non avranno
Più nessun bisogno.
Vieni Signore Gesù.

Padre nostro che sei nei cieli sia santificato
Il Tuo nome venga il Tuo regno sia fatta la Tua
Volontà come in cielo così in Terra
Dacci oggi il nostro pane quotidiano rimetti
 a noi i nostri debiti e non ci indurre in tentazione
 ma liberaci dal male amen

Ave Maria piena di grazia il Signore è con Te
Tu sei benedetta fra tutte le donne e benedetto è il frutto
del Tuo seno Gesù
NOZZE ETERNE

Santa Maria madre di Dio prega per noi peccatori adesso e nell'ora della nostra morte amen.

Gloria al Padre e al Figlio e allo Spirito Santo
Come era nel Principio ora e sempre nei secoli
 dei secoli amen

GIACULATORIE
Eterno riposo dona loro o Signore e splenda ad essi
la luce perpetua riposino in pace amen

O Gesù perdona le nostre colpe preservaci/salvaci dal fuoco dell'Inferno   porta in cielo tutte le anime specialmente le più bisognose della Tua misericordia amen.

Regina della pace prega per noi
GOVERNACI GESU' CON LA TUA PACE.

SALVE REGINA

Salve regina madre di misericordia, vita dolcezza
Speranza nostra salve.
A Te ricorriamo noi esuli figli di Eva, Te sospiriamo gementi e piangenti in questa valle di lacrime.
Orsù dunque avvocata nostra volgi a noi quegli occhi tuoi misericordiosi e mostraci dopo questo esilio Il frutto benedetto del Tuo seno : Gesù.
O clemente o Pia o dolce vergine Maria.

(Padre , ave e gloria per il sommo pontefice e per
L'acquisto delle sante indulgenze)

Padre nostro che sei nei cieli sia santificato il Tuo nome
Venga il Tuo regno, sia fatta la Tua volontà, come in cielo
così in Terra. Dacci oggi il nostro pane quotidiano, rimetti
a noi i nostri debiti, come noi li rimettiamo ai nostri
debitori
E non ci indurre in tentazione ma liberaci dal male amen.

Ave Maria piena di grazia il Signore è con Te.
Tu sei benedetta fra tutte le donne e benedetto è
il frutto del Tuo seno Gesù.
Santa Maria madre di Dio prega per noi peccatori
Adesso e nell'ora della nostra morte amen.

Gloria al padre e al figlio e allo Spirito Santo
Come era nel Principio ora e sempre nei secoli dei
 secoli amen.

LITANIE SPONTANEE

Signore pietà   Signore pietà
Cristo pietà   Cristo pietà
Signore pietà   Signore pietà
Cristo ascoltaci   Cristo ascoltaci
Cristo esaudiscici   Cristo esaudiscici
O Padre celeste   Abbi pietà di noi
O Dio Figlio redentore del mondo   "

O Dio Spirito Santo   "
Santa trinità che sei Dio   "
Padre salvaci   "
Padre noi ti ringraziamo   "
Padre sei onnipotente   "
Padre sei misericordioso   "
Padre sei bellezza   "
Padre sei amore   "
Santa Maria   "
Santa Madre di Dio   "
Santa madre   prega per noi
 Santa regina   "
Santa donna   "
Madre di Gesù   "
Madre dell'Emmanuele   "
Fonte di lacrime   "
Madre di speranza   "
Fonte di gioia   "
Fonte di speranza   "
Fonte di pietà   "
Fonte di misericordia   "
Speranza del mondo   "
Donna felice   "
Donna intelligente   "
Madre saggia   "
Madre onnipotente per grazia   "
Madre che consoli   "
Madre che aiuti   "
Madre che arricchisci   "
Madre paziente   "

Maria donna unica   "
Maria donna ineguagliabile   "
Maria donna santissima   "
Maria donna piena di ogni virtù   "
Maria donna che lotti   "
Maria donna che ascolti   "
Maria donna che concedi grazie   "
Maria lieto rifugio   "
Maria fonte di salvezza   "
Maria donna incarnata   "
Maria bellissima   "
Maria paziente   "
Maria che accogli   "
Maria donna che ami   "
Maria donna che perdoni   "
Maria regina della pace   "
Maria regina dei nostri cuori   prega per noi

AGNELLO DI DIO CHE TOGLI I PECCATI DEL MONDO
-ABBI PIETA' DI NOI
AGNELLO DI DIO CHE TOGLI I PECCATI DEL MONDO
- ABBI PIETA' DI NOI
AGNELLO DI DIO CHE TOGLI I PECCATI DEL MONDO
- DONA A NOI LA PACE.
Prega per noi santa madre di Dio
-Affinchè siamo fatti degni della vita eterna.
PREGHIAMO
Concedi o Padre di essere pronti alla santa morte.

Concedici di vivere santamente,di crescere nel Tuo amore e di evitare il peccato per rimanere nella Tua grazia. AMEN

CANTO (A SCELTA O QUELLO PROPOSTO)

Il PRIMO GIORNO E' L'INCONTRO CON DIO

 Il primo giorno è l'incontro con Dio
Il primo giorno fu la luce, e la luce fu.
E' l'incontro con Dio
E' l'incontro con JAHWE'
E' l'incontro con Gesù, il Salvator dell'Umanita'
E' l'incontro col re dei re.
Il primo giorno fu l luce e la luce fu.
Il primo giorno che il Signore creò, fu per crear
l'Umanità.
Tu che godi del bene che dai all'Umanità, dacci la speranza, di tornare a quel giorno, in cui l'Umanità non peccò.
Senza peccato, noi veniamo a Te Signor ,
pensiamo a questo dono e innalziamo il nostro cuor
al bene al sommo bene che Lui è/ che Dio è.
E' l'incontro della vita …. E' l'incontro con Jahvè, è l'incontro con Gesù, il Salvator dell'Umanità.
E' l'incontro col re dei re..

Padre nostro che sei nei cieli sia santificato
Il Tuo nome,venga il Tuo regno,
sia fatta la Tua volontà come in cielo così in Terra.
Dacci oggi il nostro pane quotidiano e
Non ci indurre in tentazione ma liberaci dal male amen.

Ave o Maria piena di grazia,
il Signore è con Te.
Tu sei benedetta fra tutte le donne e benedetto è
Il frutto del Tuo seno : Gesù.
Santa Maria madre di Dio prega per noi peccatori
Adesso e nell'ora della nostra morte. Amen.

Gloria al Padre e al Figlio e allo Spirito Santo
Come era nel principio ora e sempre nei secoli
dei secoli . Amen

Sia lodata la S.S. trinità che ci ama di infinito amore e ci
vuole salvare per ottenere la vita eterna.Amen.

fine

GRAZIE DELL'ATTENZIONE

L'autrice: DE FELICE GEMMA.